ZUFÄLLIG VEGAN
INTERNATIONAL

Herausgegeben von **smarticular.net**
Das Ideenportal für ein einfaches und nachhaltiges Leben

MARTA DYMEK · JADŁONOMIA

ZUFÄLLIG VEGAN

INTERNATIONAL

100 INTERNATIONALE REZEPTE
MIT REGIONALEM GEMÜSE
NICHT NUR FÜR VEGANER

Herausgeber: smarticular Verlag

ISBN: 978-3-946658-46-7

ISBN E-Book mobi: 978-3-946658-47-4

ISBN E-Book epub: 978-3-946658-48-1

smarticular Verlag ist ein Imprint der Business Hub Berlin UG (haftungsbeschränkt)

2101

RECYCLED
Papier aus Recyclingmaterial
FSC® C009315

Unserer Umwelt zuliebe wurde dieses Buch auf umweltfreundlichem Recyclingpapier gedruckt, ausgezeichnet mit dem FSC®-Zertifikat für Papier aus Recyclingmaterial, dem Blauen Engel (RAL-UZ 14/19487) und dem EU-Ecolabel.

Gedruckt in Deutschland von DRUCKZONE GmbH & Co. KG, Cottbus

Haftungsausschluss
Alle Rezepte und Tipps in diesem Buch wurden nach bestem Wissen erstellt. Für die Richtigkeit und Vollständigkeit der Rezepte, Anleitungen und Tipps kann jedoch keine Haftung übernommen werden. Des Weiteren wird keine Haftung übernommen für fehlerhafte Zubereitung und Anwendung, auch nicht für Gesundheitsschäden durch unsachgemäße Handhabung. Die Anwendungen und Rezepte in diesem Buch bieten keinen Ersatz für eine therapeutische oder medizinische Behandlung, im Zweifelsfall sollte ein Arzt zu Rate gezogen werden.

INHALT

SUPPEN 111

GROSSER HUNGER 153

NACHTISCH 201

GETRÄNKE 229

GRUNDREZEPTE 255

VORWORT

In allen Kulturen der Welt finden sich rein pflanzliche Gerichte, die uns mit ihren exotischen Aromen verzaubern und dabei oft verblüffend einfach zuzubereiten sind. Meistens sind dafür, abgesehen von Gewürzen, noch nicht einmal besonders exotische Zutaten erforderlich, denn die Hauptzutaten vieler internationaler Gemüserezepte – Linsen, Bohnen, Kichererbsen, Rübchen, Kohl, Zwiebeln & Co. – sind fast alle auch hierzulande aus regionalem Anbau erhältlich.

Der Blick über den Tellerrand lohnt sich, denn wer sich einmal die wichtigsten Gewürze zugelegt hat, kann exotische vegane Gerichte aus fast allen Teilen der Welt mit regionalen Grundzutaten zubereiten. Dass sie weder Fleisch oder Fisch noch Butter, Milch oder Käse enthalten, merkt man den Gerichten überhaupt nicht an – ganz einfach deshalb, weil sie *zufällig vegan* sind und auch so schon vorzüglich schmecken. Indisches Dal, spanische Kichererbsensuppe, koreanische Spargel-Schaschliks und südafrikanisches Chakalaka sind nur einige Beispiele für einfache und zugleich köstliche vegane Gerichte, die in ihrer Heimat seit jeher und ganz selbstverständlich in einer rein pflanzlichen Version zubereitet werden.

Oftmals lassen sich exotische, weit gereiste Zutaten sogar verblüffend einfach durch regionale Alternativen ersetzen, zum Beispiel bei thailändischem Kohlrabisalat statt Papayasalat oder bei Bobomole, der Guacamole mit Bohnen statt Avocado. Dass die typische Hauptzutat in diesen Rezepten gar nicht enthalten ist, macht sie kein bisschen weniger schmackhaft, sondern lässt im Gegenteil außergewöhnliche neue Aromen entstehen, mit denen man so nicht gerechnet hätte.

2019 haben wir *Zufällig vegan* veröffentlicht, eine Übersetzung des Kochbuchs *Jadłonomia* der polnischen Köchin, Autorin und Foodbloggerin Marta Dymek. Wir waren überwältigt von dem Zuspruch, den das Buch erhielt! Deshalb haben wir beschlossen, auch Martas zweites Buch, *Nowa Jadłonomia*, zu veröffentlichen. In diesem Werk beschreibt Marta ihre ganz persönliche kulinarische Weltreise und ihre liebsten internationalen veganen Rezepte – sie sind ganz einfach *Zufällig vegan international.*

REGIONALE GEMÜSEKÜCHE MIT HERZ UND VERSTAND – WIR NENNEN DAS ZUFÄLLIG VEGAN!

Die Rezepte in diesem Buch entsprechen unserer Vorstellung von einer gesunden, abwechslungsreichen pflanzlichen Ernährung mit dem gewissen Etwas – pragmatisch, ohne Hype, ohne Verzicht auf Geschmack und ohne sich verbiegen zu müssen. Probiere es doch einfach aus – bestimmt wirst du genauso begeistert sein wie wir.

IMMER AUF DEM NEUESTEN STAND

Jeden Tag lernen wir dazu, und genau das ist es, was uns motiviert, das Ideenportal smarticular.net und unsere Bücher immer weiter zu verbessern. Es liegt aber in der Natur eines gedruckten Buches, dass nicht alle Informationen immer auf dem neuesten Stand sind. Deshalb empfehlen wir, dieses Buch mit den Vorteilen der Website zu kombinieren. Dies sind nur einige Möglichkeiten dafür:

- Auf der Webseite 🌐 *smarticular.net/zufaelligvegan-international* findest du aktuelle Informationen zu diesem Buch, kannst Anmerkungen, Lob oder Kritik hinterlassen, Fragen an uns stellen und Verbesserungen zum Buch nachlesen.
- Viele weitere Ideen und unsere liebsten, laufend aktualisierten veganen Rezepte kannst du auch online auf der Webseite 🌐 *smarticular.net/vegan* entdecken.
- Selbstverständlich freuen wir uns, wenn dich andere Themen auf smarticular.net interessieren. Damit du immer auf dem Laufenden bleibst, empfehlen wir dir, unseren Newsletter zu abonnieren und uns in den sozialen Netzwerken zu folgen.

Wir wünschen dir viel Freude beim Ausprobieren und Genießen!

Das Team von smarticular.net

EINLEITUNG

Nach den äußerst herzlichen Reaktionen auf mein erstes Buch wurde ich immer wieder gefragt, wann denn das nächste Buch erscheinen und worum es darin gehen würde. Ich muss zugeben, dass mich diese Fragen sehr gestresst haben und ich deswegen den Beginn der Arbeit so weit wie möglich vor mir hergeschoben habe. Zeitweilig dachte ich sogar, dass ich kein Buch mehr schreiben würde, weil die Erwartungen zu hoch waren – ich wurde ständig von den Lesern, Produzenten meines kulinarischen Programms, Journalisten und sogar von meiner Mutter nach meinen Ideen gefragt.

Um diesen Druck nicht zu nah an mich herankommen zu lassen, bin ich in jeder freien Minute davongelaufen und habe mich meiner zweiten großen Leidenschaft, dem Reisen, gewidmet. Ich habe Vietnam und Thailand bereist, in der Kälte in Korea gestanden, in Indien Currypasten gerieben, den ganzen Balkan durchquert, mir ist auf den Märkten in Marokko heiß geworden, und ich habe in Kalifornien in frischer Avocado geschwelgt. Insgesamt habe ich mehr als fünfzig Länder besucht und die Kultur jedes einzelnen von der Küche aus studiert. Dabei habe ich mir das abgeschaut, was mich am meisten interessiert – und zwar neue Möglichkeiten, mir schon gut bekanntes Gemüse zuzubereiten.

Mich interessierten neue Gewürze, ungewöhnliche Zubereitungsarten, beliebte vegane Gerichte, wenig bekannte regionale Gerichte und schließlich, wie die lokalen Stände und Märkte aussehen. Während jeder Reise probierte ich Hunderte von Dingen aus, verbrachte ganze Tage auf Basaren, knüpfte inspirierende Kontakte und traf mich mit einheimischen Köchen, Köchinnen und Hausfrauen, wobei ich ständig in neuen Rezepten auf der Suche nach Antworten auf die Frage war, worum es in meinem nächsten Buch gehen soll. Und plötzlich, nach Monaten des Reisens und Bangens, wurde mir klar, dass ich einfach über das schreiben muss, was mich am meisten inspiriert. Und das waren und sind pflanzliche Rezepte aus aller Welt.

DANKSAGUNGEN

Dieses Buch ist über einen sehr langen Zeitraum entstanden. Ich hätte es nicht geschafft, wenn da nicht einige Personen gewesen wären, denen ich an dieser Stelle meinen Dank aussprechen will.

Zunächst möchte ich meinem unersetzbaren Lebensgefährten Szymon Boniecki danken, ohne den es dieses Buch jetzt sicherlich nicht gäbe. Er ist es, der mich auf vielen Reisen begleitet und es immer tapfer hingenommen hat, dass ich mich, statt mit ihm spazieren zu gehen, schon wieder in den Restaurants herumtrieb; ich verbrachte meine Tage damit, Fotos von den Gemüseläden zu machen; ich suchte nach versteckten Ständen mit Streetfood und verspreche ihm hiermit, dass dies das letzte Mal war. Er war es, der mich nach meiner Rückkehr nach Polen unsere Wohnung für beinahe ein halbes Jahr in die Produktionsstätte dieses Buchs umfunktionieren ließ, und er hat sich damit abgefunden, dass er regelmäßig aus der Küche hinausgeworfen wird, weil ich dort einfach immer etwas zu tun habe. Und schließlich war er derjenige, der mir in jeder Krise half; er tröstete mich, wenn ich heulte; er war der Glücklichste von allen, wenn ich glücklich war, und ich konnte mich immer auf ihn verlassen. Er ist der Beste, ich liebe ihn mehr als alles andere und möchte mich bei ihm für alles bedanken.

Ich danke auch meinen lieben Eltern, dass sie mich stets mental unterstützt haben. Ich danke Emilia Obrzut dafür, dass sie wie immer nur gute Absichten hatte und sozusagen zur Patin dieses Buchs geworden ist. Auch danke ich Adrianna dafür, dass sie mich wachgerüttelt und ein bisschen an den Ohren gezogen hat. Außerdem möchte ich mich bei all denjenigen bedanken, die an diesem Buch mitgearbeitet haben: Ewa Fligiel, die viele Male ihre eigenen Grenzen hat überschreiten müssen und dies für mich und dieses Buch getan hat; Dagmara St pie , deren Engagement und Emotionen für mehrere Menschen gleichzeitig reichen würden; Hanna Grudzi ska, auf die immer Verlass ist und die immer ihr Wort hält; Anna Pol, die mit ihrem Feingefühl, ihrem Wissen und ihren Fähigkeiten helfen und manche Situation retten konnte, und schließlich Zuzanna Rogatty, die dieses wunderschöne Buch geschaffen hat, eine Engelsgeduld mit mir hatte und das Bonmot „und ihr alle werdet noch Veganer, ihr werdet sehen“ geprägt hat. Das denke ich auch und hoffe, dass dieses Buch dazu einen Beitrag leistet.

Zuallerletzt widme ich dieses Buch auch meinem guten Freund Mateusz Wi niarz. Denn sollte dieses Buch tatsächlich ein gelungener Beitrag dazu sein, aus Leserinnen und Lesern begeisterte Veganer zu machen, ist wirklich alles möglich.

KILOG
สำนักชั่งตวงวัด กรมการค้าภายใน
ตรวจสอบแล้ว
2559
7Kg
7กก.

PFLANZLICHE WELTREISE

Die pflanzliche Küche kommt weder aus einem konkreten Land noch Kontinent – es gibt sie überall, genauso, wie es überall Straßenbuden und Gemüsemärkte gibt. Seit Jahrhunderten sind pflanzliche Gerichte auf allen Breitengraden zu finden, unabhängig von Temperatur, Klima und Höhenlage. Schließlich kommen in jeder Nationalküche sowohl pflanzliche als auch fleischhaltige Gerichte vor.

Zufällig vegan sind sowohl mexikanische Guacamole, selbst gemachte polnische Rote-Bete-Suppe mit Ravioli, malischer Gulasch aus Erdnussbutter als auch Rübencurry mit Zimt. Solange man weiß, wo man suchen muss, kann man in jedem Land leicht auf eine Vielzahl von Gemüserezepten stoßen, die einem die Augen für noch nie dagewesene Kombinationen öffnen und es ermöglichen, bekannte Gemüse wiederzuentdecken. Sellerie auf chinesische Art zu essen, hat meine kulinarische Vorstellungskraft ungemein erweitert.

All die Reisen entlang der Straßenbuden aus aller Welt haben mir gezeigt, dass selbst das Gemüse, dem wir normalerweise aus dem Weg gehen, köstlich sein kann, wenn man ihm nur eine Chance gibt und es anders als gewöhnlich würzt. Es reicht, den aus Kindergartenzeiten berüchtigten Karottensalat mit Erdnüssen und Koriandersamen zu würzen; den langweiligen Gurkensalat mit Sesamöl und Chili aufzupeppen; traditionelle Frühkartoffeln auf Indisch mit Kreuzkümmel und Senf zu servieren und Zucchini in einen köstlichen Zitronenkuchen zu verwandeln.

In jedem Winkel der Erde wird das gleiche Gemüse auf völlig unterschiedliche Weise gewürzt, und wenn man dieses Wissen nutzt, wird es in der pflanzlichen Küche nie langweilig. Und wenn wir die ganze Welt durchreisen, stoßen wir nicht nur auf viele verschiedene Gewürze, sondern auch auf viele verschiedene Techniken. In manchen Ländern wird Blumenkohl ausschließlich in Wasser gekocht, in anderen wird er immer im Ofen gebacken, und wieder in anderen wird er roh gegessen.

Während vielerorts der Brokkolistrunk entsorgt wird, wird er anderswo zu knusprigen Salaten verarbeitet. Mancherorts werden die Kircherbsensamen gekocht und zu einem breiartigen Hummus verarbeitet, andernorts werden sie zu Mehl verarbeitet, aus dem anschließend blitzschnell Pfann- oder Reibekuchen zubereitet werden kann. Mit jedem neuen Breitengrad ändert sich komplett der Umgang mit jeder Knolle, Wurzel, jeder Hülse, jedem Stiel und dem Grün eines jeden Gemüses.

Schließlich kann man sich auf Reisen durch die Küchen der Welt davon überzeugen, wie vielfältig und geschmacksintensiv die fleischlose Küche ist. Schaut man sich Rezepte aus aller Welt an, wird das Potenzial von Gemüse ersichtlich, und man lernt es so noch mehr zu schätzen. Man lernt, wie man das Gemüse würzt, um seine Süße hervorzubringen; wie man es zubereitet, um seine Struktur zu unterstreichen; wie man davon satt wird und wie man daraus ganz einfach einzigartige Frühstücks-, Mittags- und Abendessenrezepte und sogar Desserts zaubert. Ehe du dich versiehst, wirst du feststellen, dass pflanzliche Gerichte mindestens so lecker und abwechslungsreich sind wie Fleischgerichte.

Um sich auf eine pflanzliche Weltreise zu begeben, braucht man weder exotisches Gemüse noch Obst zu kaufen. Auch raffinierte Geräte oder andere Utensilien sind überflüssig. Geh einfach auf den nächstgelegenen Markt und kaufe saisonales, regionales Gemüse und verwende dann ungewöhnliche Gewürze und Techniken, die du aus anderen Küchen kennst.

Serviere im Winter Austernpilze mit thailändischem Nuss-Curry, bereite im Frühjahr koreanische Spieße aus Spargel zu, koche im Sommer ungarischen Eintopf aus verschiedenen Paprikasorten und bereite im Herbst mexikanische Suppe aus Maiskolben zu. Und plötzlich wirst du feststellen, dass dich das aus der Kindheit bekannte Grünzeug positiv überraschen kann. Um sich das alltägliche Kochen mit pflanzlichen Zutaten schmackhafter zu machen, lohnt es sich, jede Art von Reise anzutreten – die echte, die mit dem Finger auf der Karte und die durch die Seiten von *Zufällig vegan – International*.

กาแฟสด
สา

SPEISEKAMMER

Du hast wahrscheinlich schon gehört, wie wichtig es ist, in der Küche auf saisonales und regionales Gemüse und Obst zu setzen, denn exotisch bedeutet hohe Preise und schlechte Qualität. Exotisches Gemüse und Obst werden nämlich aufwendig behandelt und müssen einiges aushalten, damit sie die lange Reise überstehen. Bekannterweise lohnt es sich nicht, Papaya zu kaufen, und Tomaten haben im Januar einen nicht allzu guten Geschmack. In diesem Buch werde ich dir zeigen, wie man aus leicht zugänglichem, saisonalem Gemüse völlig neue Gerichte zubereiten kann. Wenn wir uns von den Küchen der Welt inspirieren lassen, geht es schließlich nicht darum, durch die Läden auf der Suche nach Gemüse vom anderen Ende der Welt zu jagen, wenn auf dem Stand vor dem Haus wunderbares saisonales Gemüse liegt. Es geht vielmehr darum, die Schätze zu entdecken, die direkt vor unserer Nase sind, und sie auf völlig neue Art und Weise zuzubereiten.

Zunächst empfiehlt es sich, die heimische Speisekammer mit neuen Gewürzen und trockenen Zutaten aufzufüllen. Ein gut gefülltes Regal mit Gewürzen ist eine große Hilfe in der Küche – so können selbst uninteressante Reste aus dem Kühlschrank schnell zu einem echten Festmahl werden. Verschrumpelte Äpfel kann man mit Garam Masala kochen, vergessene Möhren in süßes Kompott verwandeln, den verwelkten Kohl mit Gochugaru-Chilipulver einreiben und daraus scharfe Kimchi machen. Durch die entsprechenden Gewürze wird das tägliche Kochen schneller, interessanter, und es verderben deutlich weniger Lebensmittel. Um die Arbeit zu erleichtern, habe ich eine Liste der weniger bekannten Zutaten erstellt. Lass dich nicht entmutigen, wenn dir einige von ihnen exotisch erscheinen, du musst keine langen Reisen unternehmen, sie sind alle regional erhältlich – man kann sie online bestellen oder in orientalischen Geschäften und in Bioläden mit einer großen Auswahl an gesunden Lebensmitteln bekommen. Es ist nicht notwendig, alle Gewürze sofort vorrätig zu haben. Es reicht, wenn du mit der Zeit die ansammelst, die dir am interessantesten erscheinen. Gewürze sind keine große Investition, sie kosten in der Regel nicht viel und reichen dann für viele Monate intensiven Kochens. Sobald du dich mit ihnen eindeckst, wirst du jederzeit kurz zum nächstgelegenen Gemüseladen gehen, irgendein Gemüse mit dem Kleingeld, was du gerade noch übrig hast, kaufen und es dank der angesammelten Gewürze in etwas Außergewöhnliches verwandeln können.

GEWÜRZE

SAMBAL OELEK

Scharfe indonesische Chilisoße. Traditionell wird sie als Zusatz zu Suppen vom anderen Ende der Welt genutzt, sie bewährt sich jedoch auch überall dort, wo getrocknete Chilischoten benötigt werden, die nur schwierig zu bekommen sind. Man kann die Soße im Kühlschrank aufbewahren und sie herausnehmen, wenn einem nach Laksa (S. 137) oder Massaman-Curry (S. 183) ist, für die traditionell ganze getrocknete und dann in kochendem Wasser eingeweichte Paprikaschoten verwendet werden. Sie ist auch praktisch, wenn du gerade frischen Chili brauchst – ein halber Teelöffel reicht aus, um dein Lieblingscurry, den Reis und sogar die Tomaten- oder Paprikacreme zu schärfen. Man kann sie in Supermärkten in der Abteilung mit orientalischen Lebensmitteln bekommen.

BOCKSHORNKLEESAMEN

Bockshornklee ist eine Hülsenfrucht, deren Samen in der indischen, sri-lankischen sowie nahöstlichen Küche ein sehr beliebtes Gewürz sind. Diese harten, gelben Samen verströmen einen intensiven, bitteren, nussigen Geruch und setzen nach dem Kochen einen liebstöckelähnlichen Geschmack frei. Kaufe keine gemahlenen Samen. Deutlich besser sind die ganzen, denn diese kann man anrösten und sie dann selbstständig in einer Mühle oder einem Mörser zermahlen. Sie passen zu Dal (S. 61), indischem Falafel (S. 195) sowie zu meinem geliebten Rote-Bete-Curry (S. 193). Man kann sie in Kräuterläden, Reformhäusern und manchmal auch in Geschäften mit orientalischen Lebensmitteln bekommen.

KREUZKÜMMEL

Oder auch Römischer Kümmel. Das ist ein aus Ägypten stammendes Gewürz, und auch wenn er uns vom Namen her an echten Kümmel erinnert, hat er mit diesem wenig zu tun. Kreuzkümmel hat ein sehr starkes, schweres, süßes und warmes Aroma. Er ist in vielen Gerichten Afrikas und Asiens unersetzlich, z. B. in der Petersilien-Cremesuppe mit Tahini (S. 131). Es empfiehlt sich, die Speisekammer gleich zu Beginn mit Kreuzkümmel auszustatten, denn er bereichert den Geschmack von Linsensuppe, Gulasch oder gebackenem Gemüse. Dieses Gewürz ist in Supermärkten und gut ausgestatteten kleineren Lebensmittelgeschäften erhältlich.

GOCHUGARU-CHILIPULVER

Geheimwaffe der koreanischen Küche. Dieses außergewöhnliche Gewürz vereint alle Paprikaaromen: Es ist leicht süß, etwas geräuchert und hat eine intensive Schärfe. Es ist nicht so fein gemahlen wie gewöhnliches Paprikapulver, jedoch feiner als Chiliflocken. Es ist die Königin der Paprikas, sein Geschmack und seine Konsistenz suchen seinesgleichen. In Korea wird Gochugaru vor allem zur Zubereitung von Kimchi (S. 261), aber auch von Suppen (S. 145), Lauchsalat (S. 101) und sogar Gurkensalat (S. 95) verwendet. Wenn du dieses Gewürz einmal ausprobierst, wirst du, weil es so lecker ist, wahrscheinlich immer wieder darauf zurückgreifen und Gochugaru-Chilipulver vielleicht sogar benutzen, um eine Scheibe Brot, Tomatensalat, Hummus oder Letscho damit zu bestreuen.

SZECHUANPFEFFER

Entgegen seinem Namen gehört er keineswegs zu den Pfeffergewächsen. Es handelt sich vielmehr um die getrockneten Schalen des gelben Pfefferstrauchs, ein beliebtes Gewürz in der chinesischen Provinz Sichuan. Sein Geschmack ist charakteristisch, ganz anders als der von schwarzem Pfeffer – deutlich weniger scharf, etwas zitrusartig und leicht beißend. Er ist ein unverzichtbarer Zusatz zu vielen chinesischen und nordasiatischen Gerichten, z. B. zu Kung-Pao-Sellerie (S. 187) oder Mapo Tofu (S. 185). Damit sein voller Geschmack zur Geltung kommt, ist es ratsam, die Körner zunächst in einer Pfanne zu rösten und anschließend in einer Mühle oder einem Mörser zu zermahlen. Szechuanpfeffer schmeckt gut kombiniert mit gebackenem Gemüse sowie Wintergulasch mit einem Hülsenfrucht-Zusatz. Dieses Gewürz ist im Internet erhältlich.

ZITRONENGRAS

Es ist eines der wichtigsten Gewürze der thailändischen und vietnamesischen Küche und bereichert auch den Geschmack von Cremesuppen, Currys, Nachspeisen und Tee. Glücklicherweise ist es seit einiger Zeit fast überall erhältlich, sei es im Delikatessenladen, gut ausgestatteten kleineren Geschäften oder in beliebten Discountern im Asia-Regal. Meist kommt es in drei Varianten vor: frisch, tiefgekühlt oder getrocknet. Am besten ist es, frisches Zitronengras zu ergattern, eine größere Menge zu kaufen und es dann einzufrieren. So hast du es immer zur Hand, um grünes Curry (S. 179), mein geliebtes Massaman-Curry (S. 183) oder scharfe Laksa (S. 137) daraus zuzubereiten. Das, was vom Zitronengras übrig bleibt, kannst du zu Hirsebrei dazugeben oder als Tee aufgießen.

ZIMT

Zimt kennst du bestimmt sehr gut und hast ihn in deiner Küche. Also was um alles in der Welt macht er hier auf dieser Liste? Ich erwähne ihn, weil du wahrscheinlich keine echten Zimtstangen hast, sondern nur die weniger aromatische Sorte, d. h. Cassia-Zimt – den seit Jahren in Europa verkauften, weniger duftenden, gefälschten Zimt. Wenn du dir nicht sicher bist, drück die Zimtstange leicht zusammen: Echter Ceylon-Zimt zerbröselt leicht an den Fingern, sodass viele kleine Partikel entstehen, während die Cassia-Variante nicht zerdrückt bzw. nur sehr schwierig gerieben werden kann. Die Bröseligkeit ist nicht der einzige Unterschied – Ceylon-Zimt riecht und schmeckt auch um Welten besser. Er ist unglaublich intensiv, duftend und süß. Es reicht eine Prise, um den besten Apfelkuchen aller Zeiten zu backen, den Geschmack von Lebkuchen aufzupeppen oder erwärmenden Rote-Bete-Curry (S. 193) zuzubereiten. Was noch dazukommt: Ceylon-Zimt ist nicht einmal viel teurer als die Cassia-Variante, die in den Regalen der Supermärkte ausliegt.

THAI-BASILIKUM

In Thailand und Vietnam beliebte Basilikumsorte mit süßem, anisartigem Geschmack. Es ist ein beliebter Zusatz zu vielen verschiedenen Sorten gebratenen Gemüses, zu Currys und Suppen. Außerdem ist es ein unverzichtbarer Bestandteil des berühmten grünen Currys (S. 179) sowie der vietnamesischen Pho-Suppe (S. 141). Du kannst es in sehr guten Feinkostläden für orientalische Lebensmittel bekommen, aber auch in Supermärkten mit einer breiten Produktpalette – wenn du es irgendwo siehst, nimm am besten gleich zwei oder drei Töpfe davon mit und beginne deine eigene Zucht auf der Fensterbank, um es immer zur Hand zu haben.

CURRYBLÄTTER

Sie sind das beliebteste Gewürz in Südindien und im nahe gelegenen Sri Lanka. Es wurde von den Engländern so genannt, weil Curryblätter eine äußerst wichtige Zutat in Soßen und Gerichten waren, die in tamilischer Sprache Kari genannt wurden. Mit der Gewürzmischung, die Curry genannt wird, haben sie jedoch nichts zu tun. Ihr markantes, kiefern- und zitrusartiges Aroma ist mit demjenigen keiner anderen Pflanze vergleichbar. Sie sind ein wichtiger Bestandteil für die Zubereitung von Dal (S. 61) sowie für das Braten indischer Falafel (S. 195), außerdem bewähren sie sich auch in jedem Gericht in Kombination mit Kreuzkümmel, Koriander, Senfkörnern und Bockshornklee. Man kann sie in Online-Geschäften sowie in Geschäften mit orientalischen Lebensmitteln bekommen.

GETROCKNETE SHIITAKE-PILZE

Während unsere Großmütter seit jeher getrocknete Steinpilze verwenden, um Suppen und Soßen eine fünfte Geschmacksrichtung zu verleihen, übernehmen in Asien getrocknete Shiitake-Pilze diese Rolle. Sie sind etwas zarter als Waldpilze, außerdem preiswerter und haben eine interessantere Struktur. Wenn du davon einige ins Suppengrün wirfst, verhelfen sie zu einer wunderbaren Brühe, bereichern jeden Gulasch, und wenn du sie in der Kaffeemühle zerkleinerst, erhältst du ein multifunktionales Pilzgewürz zur Zubereitung eines selbst gemachten Brühpulvers (S. 256). Sie sind ein hervorragender Zusatz zur fleischlosen Pho-Suppe (S. 141), die Basis für Mapo Tofu (S. 185), und zur Not passen sie auch zum polnischen Nationalgericht Bigos. Erhältlich sind sie in Geschäften mit orientalischen Lebensmitteln.

GERÄUCHERTER PAPRIKA

Eine aus Spanien stammende unverzichtbare Zutat in der Speisekammer eines jeden Pflanzenessers. Geräucherter Paprika sieht aus wie der beliebte Gemüsepaprika – er wird getrocknet, dann geräuchert und schließlich zu einem Pulver verarbeitet. Er zeichnet sich jedoch durch sein einzigartiges Raucharoma aus, das fleischlose Gerichte zu einer Grillspeise mit fleischigem Charakter werden lässt. Eine ordentliche Prise peppt den Geschmack von ungarischem Gulasch (S. 173) auf und eignet sich, um köstlichen Kokosnussspeck (S. 65), ungarischen Letscho, weißen Bohneneintopf nach polnischer Art, genannt „Fasolka po breto sku", sowie andere Tomateneintopf-Gerichte zuzubereiten. Er ist in jedem Lebensmittelgeschäft zu bekommen, am besten ist aber der in Blechdosen in Feinkostläden oder im Internet erhältliche Räucherpaprika.

FENCHELSAMEN

Fenchel ist in der italienischen und französischen Küche weitverbreitet und wird dort vielseitig eingesetzt. In Asien und Afrika hingegen sind seine Samen deutlich beliebter, da sie einen angenehmen, süßen, erfrischenden und leicht anisartigen Nachgeschmack haben. Sie sind ein obligatorischer Bestandteil der Pho-Suppe (S. 141) und des malischen Gulaschs mit Erdnussbutter (S. 177), sie eignen sich auch für hausgemachten Masala Chai (S. 243). Man kann sie in Kräuterläden, Reformhäusern und manchmal auch in Geschäften mit orientalischen Lebensmitteln bekommen.

SCHWARZE UND BRAUNE SENFKÖRNER

Zwar ist die hellgelbe Variante am bekanntesten, intensiver schmecken sie jedoch in ihrer dunkleren Ausgabe. Die schwarzen Senfkörner sind die schärfsten, während die braune Variante etwas milder ist – beide werden oft gebraten und zu indischen Suppen, Soßen und Eintöpfen hinzugefügt. Sie verleihen allen Gerichten einc unglaubliche Schärfe und Würze, zum Beispiel indischen Frühkartoffeln (S. 85) oder dem Weiße-Bohnen-Aufstrich mit Rosinen (S. 55). Sie können auch in etwas Öl gebraten und für Dressings oder als Zusatz zu gebackenen Karotten und Kürbissen verwendet werden. Wenn du davon etwas in deine Einmachgläser mit eingelegten Gurken gibst, wirst du auch deine Freude daran haben!

HEFEFLOCKEN

Ein magisches Gewürz, das vielen Veganerinnen und Veganern gut bekannt ist. Ich habe im vorherigen Buch und in meinem Blog viel darüber geschrieben, denn es ist immer dann nützlich, wenn wir Gerichten ein ausgeprägtes Käsearoma verleihen wollen. Mit diesen Flocken kann man jedes italienische Nudelgericht bestreuen (S. 159), sie sind auch unverzichtbar bei der Zubereitung von Lasagne (S. 167). Du kannst sie im Prinzip über jeden Salat, jedes Sandwich, gebackenes Gemüse oder Cremesuppen streuen – oder einfach überall dort hinzufügen, wo du Lust auf geriebenen Parmesankäse hast. Erhältlich sind sie in Bioläden oder Online.

TROCKENE ZUTATEN

KLEBREIS

Er zeichnet sich durch eine hohe Klebrigkeit nach dem Kochen aus und wird am häufigsten für Desserts verwendet, weshalb er manchmal auch „süßer Reis" genannt wird. Er wird sich als nützlich erweisen, wenn du das berühmte thailändische Klebreis-Dessert Sticky Rice (S. 217) selbst zubereiten willst. Man kann ihn in Geschäften mit orientalischen Lebensmitteln bekommen.

KICHERERBSENMEHL

Es handelt sich hierbei um ein Pulver aus getrockneten Kichererbsen, das Hunderte von Verwendungen hat, weil es Kuchen wie Eier zusammenklebt und auch Panaden knusprig macht. Es lässt sich Kartoffelpuffern (S. 73) hinzufügen, um sie kompakt und noch knuspriger zu machen, oder Panaden von Schnitzeln, Klößen und Burgern (S. 103) beifügen. Es ist in Bioläden erhältlich oder selbst herstellbar, indem man einfach eine Handvoll Kichererbsen in einer Mühle zermahlt.

KOKOSFLAKES

Die deutlich leckerere Variante der so beliebten Kokosraspel. Dabei handelt es sich um große, dünne und sehr knusprige Stücke getrockneten Fruchtfleisches, die manchmal auch als Kokoschips bezeichnet werden. Du kannst sie für Hafer-, Hirsebrei, Kuchen, Kekse und Pudding sowie für die Zubereitung von köstlichem Kokosnussspeck (S. 65) verwenden. Vielleicht klingt der Name seltsam, aber er schmeckt nach mehr ... Sie sind in jedem größeren Supermarkt erhältlich.

SONSTIGE ZUTATEN

KALT GEPRESSTE ÖLE

Sie behalten den Geschmack, den Geruch, die Farbe und die dem Rohstoff entsprechenden Nährwerte bei, d. h., sie sind einfach sehr gesund und verdanken ihr intensives Aroma der Zutat, aus der sie hergestellt werden. Im Gegensatz zu raffinierten Ölen dürfen diese allerdings nicht erhitzt werden. Sie passen hervorragend zu Rohkostsalaten oder anderen Salaten. Es reichen einige Tropfen auf deiner Lieblingssuppe und du wirst sie nicht mehr wiedererkennen. Zu meinen Favoriten gehören Extra-Vergine-Olivenöl, Leinöl sowie mein geliebtes Sesamöl, das Lauchsalat in ein Festmahl (S. 101) und den gewöhnlichen Gurkensalat in eine Geschmacksreise nach Korea verwandelt (S. 95).

BRATÖL

Verwende zum Braten Öle, die hohe Temperaturen gut vertragen, d. h. einen hohen Rauchpunkt haben – ein Öl mit einem niedrigen Rauchpunkt fängt in der Pfanne einfach an zu brennen, wird ungenießbar oder sogar schädlich. Der Rauchpunkt hängt von zwei Faktoren ab: erstens vom Rohstoff, aus dem das Öl gewonnen wird, und zweitens von der Herstellungsmethode. Letzteres ist definitiv wichtiger, deswegen konzentrieren wir uns einen Moment auf die beiden wichtigsten Methoden der Ölherstellung: das Kaltpressen und das Warmpressen, zu dem auch die Raffination gehört. Zwar verlieren die Öle im Raffinationsprozess ihren Geschmack, ihr Aroma und den größten Teil ihrer Nährwerte, ihr Rauchpunkt wird dabei jedoch angehoben, wodurch sie erhitzbar werden. Meine Lieblings-Bratöle sind Traubenkernöl, Reisöl und das einzigartige Kokosöl – selbst kalt gepresst hält es hohen Temperaturen stand und kann erfolgreich zum Braten und Backen verwendet werden.

SOJASOSSE

Eine der ältesten Gewürzsoßen der Welt und sicherlich die wichtigste in Asien. Da passt es, dass auch die vegane Küche sie lieben gelernt hat. Sie entsteht durch lange Fermentation von Soja, die anschließend gefiltert wird. In jedem asiatischen Land gibt es viele Arten von Soßen, die sich vom Grad der Salzigkeit, Süße, Dickflüssigkeit und von der Geschmacksintensität her unterscheiden. Am beliebtesten hierzulande sind Sojasoßen japanischer Art, d. h. flüssige und salzige, die ich auch selbst am liebsten verwende.

Auch die Tamarisoße, eine Variante der japanischen Sojasoße, erfreut sich immer größerer Beliebtheit. Sie zeichnet sich dadurch aus, dass sie ohne Verwendung von Weizen hergestellt wird, was sie von Natur aus glutenfrei macht. Nun aber zur Sache: Warum ist Sojasoße ein so wichtiger Bestandteil der fleischlosen Küche? Weil sie ein natürlicher Extrakt der fünften Geschmacksrichtung Umami ist, die in der Pflanzenküche fehlt, denn sie steckt insbesondere in Käse mit langer Reifezeit und getrockneten Wurstwaren.

Deshalb lohnt es sich, Sojasoße bei der Zubereitung fast aller Gerichte, unabhängig von ihrem Herkunftsland, immer griffbereit zu haben. Einige wenige Tropfen passen genauso zu Pastete, Bigos wie auch zu Brühe (S. 119), grünem Curry (S. 179) und Kimchi-Suppe (S. 145). Investiere unbedingt in eine, die natürlich hergestellt wurde und nicht aus einer Mischung von Natriumglutamat und Farbstoffen besteht.

KOKOSMILCH

Sie ist ein wesentlicher Bestandteil aller Gerichte der südostasiatischen Küche und ungemein nützlich beim veganen Kochen. Dank ihrer fettigen, cremigen Konsistenz bildet sie die Grundlage vieler toller Suppen sowie Curry-Gerichte und ermöglicht auch die Zubereitung leckerer Süßspeisen, da sie problemlos Schlagsahne ersetzen kann.

Da es sich um ein so wichtiges Produkt handelt, sollte man es nur in bester Qualität kaufen – ohne synthetische Zusatzstoffe und Konservierungsmittel, dafür mit viel echter Kokosnuss. Es lohnt sich, nach Dosenmilch aus Thailand zu suchen und immer die Zutatenliste zu studieren. Man kann Kokosmilch in jedem größeren Supermarkt bekommen.

MISOPASTE

Eine aus Japan stammende Paste, bestehend aus viel Eiweiß, Vitaminen, Mineralsalzen und der fünften Geschmacksrichtung. Ähnlich wie Sojasoße ist sie auch voller Umami. Sie wertet den Geschmack der Bolognese-Soße auf (S. 159) und ist unverzichtbar bei der Zubereitung von Auberginen auf japanische Art (S. 97).

Du kannst sie auch erfolgreich anstelle von Suppensalz verwenden, indem du einen Teelöffel Paste in eine heiße Schüssel mit einem fertigen Gericht gibst. Es gibt viele Arten von Miso, sie variieren in Intensität, Salzgehalt und Farbe. Daher ist es gut, Miso allmählich hinzuzufügen, um dabei nicht zu übertreiben. Kauf am besten zunächst einmal eine helle Misopaste, die Shiromiso genannt wird. Später kannst du auch mit den dunkleren experimentieren. Man kann sie in Geschäften mit orientalischen Lebensmitteln bekommen.

KÜCHENGERÄTE

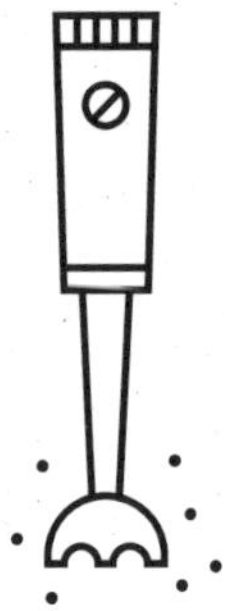

STABMIXER

Hierbei handelt es sich um einen Mixer mit einer an einem langen Rührstab angebrachten Klinge, weswegen er auch manchmal Giraffe genannt wird. Es ist der vielseitigste Mixer, mit dem sich fast alle Zutaten mixen lassen. Es lohnt sich, in ein Modell mit einem hohen mitgelieferten Gefäß zu investieren – es erleichtert die Arbeit, weil sich die Zutaten darin besser vermischen. Er kann nützlich sein, um glutenfreie Pfannkuchen (S. 57), türkische Linsensuppe (S. 129) oder Tomaten-Gugelhupf (S. 203) zuzubereiten.

BECHERMIXER/MULTIZERKLEINERER MIT KURZER KLINGE

Meistens handelt es sich hierbei um ein Zusatzteil zum Stabmixer. Dieser Mixer ist sehr praktisch in der Küche und wird zum Hacken kleinerer Zutatenmengen verwendet. In einem solchen Modell gelingt es dir z. B., schnell Datteln zu Karamell zu verarbeiten (S. 41) oder einen beliebigen Brotaufstrich sowie Pesto herzustellen.

KAFFEEMÜHLE

Dieses unscheinbare Gerät können alle diejenigen gut gebrauchen, die gerne neue Geschmacksrichtungen entdecken und nicht gleich viel Geld für Hightech-Geräte ausgeben wollen. Sie mahlt alle trockenen Zutaten wie Kichererbsen oder Reis; sie hilft, selbst gemachte Gewürzmischungen zuzubereiten (S. 63), und zerkleinert selbst die härtesten Zutaten zu einer Currypaste (S. 179). Darüber hinaus nimmt sie wenig Platz weg, und wenn du keine nassen Zutaten hinzugibst, ist sie wirklich unzerstörbar.

EINHEITEN

Gut dosierte Zutaten sind der Anfang eines jeden Erfolgsrezepts. Jahrelanges Bloggen, Kochshows und das Erstellen von Rezepten für Zeitschriften haben mir gezeigt, dass falsch dosierte Zutaten der häufigste Grund für Missgeschicke in der Küche sind. Schließlich ist Tasse nicht gleich Tasse, und Bruchteile einer Tasse nach Augenmaß zu bestimmen, kann wirklich irreführend sein. Anstatt dich über den nicht aufgegangenen Teig zu ärgern und dir Sorgen zu machen, dass die Pastete zu flüssig ist, empfiehlt es sich daher, gewöhnliche Messlöffel zu kaufen. So wird das Kochen stressfrei, und deine Gerichte werden dir endlich gelingen. Solche Messlöffel finden sich in jedem Geschäft mit Küchenzubehör und kosten nicht viel. Nach meiner Einschätzung ist es das in der Küche am besten investierte Geld.

Die Angabe *Dose* (zum Beispiel Kokosmilch oder Bohnen) bezeichnet in den Rezepten in der Regel eine mittelgroße Dose mit circa 400 Millilitern Inhalt.

Tasse		ml		Esslöffel
1	=	250	=	16,5
1/2	=	125	=	8
1/3	=	80	=	6
1/4	=	60	=	4

SCHOKO-BUCHWEIZENBREI

HAFERBREI

ROTE-BETE-GRANOLA

HIRSE-PAPRIKA

SENF-KÜRBIS-AUFSTRICH

BIRNEN-LAUCH-SCHMALZ

FAUX GRAS

FEIGEN-OLIVEN-TAPENADE

WEISSE-BOHNEN-AUFSTRICH

VIETNAMESISCHE PFANNKUCHEN

CONGEE

FRÜHSTÜCKS-LINSEN-DAL

APFEL-REISBREI

AVOCADO MIT KOKOSNUSSSPECK

KÜRBISBUTTER

FRÜH-
STÜCK

SCHOKO-BUCHWEIZENBREI

Es gibt Tage, an denen es schwieriger ist aufzustehen als sonst. Das sind meistens Montage oder ein beliebiger Dezembermorgen, wenn es draußen so dunkel ist, dass man nur schwer die Kraft findet, etwas anderes zu tun, als sich wieder unter der Decke zu verkriechen. Die einzige Rettung ist dann oft der Gedanke an ein wirklich gutes, ausschweifendes Frühstück – wie zum Beispiel Schoko-Buchweizenbrei.

ZUTATEN FÜR ZWEI PORTIONEN

½ Tasse ungeröstete Buchweizengrütze
¾ Tasse Wasser
10 getrocknete Datteln, entkernt
Salz

½ Tasse Pflanzenmilch
2 EL Kakaopulver
1 EL Erdnussbutter

ZUM SERVIEREN

Obst, Trockenobst, Nüsse, Fruchtmus deiner Wahl

ZUBEREITUNG

- Buchweizengrütze zweimal unter fließendem Wasser abspülen. Datteln zerkleinern und zusammen mit der Grütze, Wasser und einer Prise Salz in einen kleinen Topf geben. Bei schwacher Hitze zugedeckt 12–15 Minuten kochen lassen. Den Brei nicht umrühren, sondern nur, falls nötig, mit einer Gabel überprüfen, ob er das gesamte Wasser aufgenommen hat – zu häufiges Aufdecken und übermäßiges Umrühren führen dazu, dass zu viel Wasser verdampft und der Brei anbrennt.
- Wenn der Buchweizen das gesamte Wasser aufgenommen hat, Pflanzenmilch, Kakao und Erdnussbutter in den Topf geben und gründlich mischen. Die letzten vier bis fünf Minuten ohne Deckel bei schwacher Hitze kochen und dabei ab und zu umrühren.
- Den heißen Brei in Schüsseln geben und mit den Nüssen, dem Obst oder Fruchtmus deiner Wahl servieren. Am besten schmeckt er kalt serviert, deswegen eignet er sich ideal als zweites Frühstück.

Anstelle von Kakao und Erdnussbutter empfiehlt es sich, auch ein paar Würfel Bitterschokolade zum Buchweizenbrei dazuzugeben, am besten gegen Ende, damit der Brei nicht anbrennt. Natürlich kannst du die Buchweizengrütze auch gegen eine, die du gerade zur Hand hast, austauschen.

REICHHALTIGER HAFERBREI
AUS KOPENHAGEN

Vor einigen Jahren wurde in Kopenhagen das Restaurant »Grod« gegründet, die wahre Hauptstadt des Haferbreis. Man kann Haferbrei mit allem essen, aber der beste von allen ist Haferbrei mit einer wunderbaren Karamellsoße, wodurch man Lust bekommt, jede Schüssel regelrecht auszulecken. Deshalb habe ich beschlossen, eine eigene Version dieser Soße zu entwickeln – sie ist deutlich gesünder und schneller, denn sie besteht nicht aus Zucker, sondern aus Datteln. Einmal gemacht, kannst du sie im Kühlschrank aufbewahren und jedem noch so langweiligen Frühstück beigeben.

ZUTATEN FÜR ZWEI PORTIONEN

DATTELKARAMELL

20 getrocknete Datteln, entkernt
1 TL Zitronensaft
2 EL Erdnussbutter
⅓ TL Salz

HAFERBREI

½ Tasse Haferflocken
1 Tasse Wasser
1 Prise Salz

⅓–½ Tasse Pflanzenmilch

ZUM SERVIEREN

saisonale Früchte, Trockenobst, Nüsse oder andere in deinen Küchenschränken versteckte Zutaten deiner Wahl

ZUBEREITUNG

- Datteln mit kochendem Wasser übergießen, sodass sie damit bedeckt sind, und 10–15 Minuten einweichen lassen.
- Haferflocken in einen Topf geben, eine Tasse Wasser und eine Prise Salz hinzufügen und bei minimaler Hitze fünf bis acht Minuten lang ohne Deckel kochen und dabei so wenig wie möglich umrühren.
- Die eingeweichten Datteln abgießen und das Einweichwasser auffangen. Datteln in einen Mixbecher geben. Zitronensaft, Salz sowie Erdnussbutter hinzufügen und alles zu einer Creme mixen. Eine halbe Tasse des süßen Wassers, in dem die Datteln eingeweicht wurden, nach und nach dazugießen, bis die Soße die gewünschte Konsistenz erreicht.
- Zum Haferbrei so viel Pflanzenmilch dazugeben, dass er eine dickflüssige Konsistenz erreicht. Mit dem Löffelstiel umrühren und noch eine oder zwei Minuten kochen. Das heiße Gericht in Schüsseln geben und mit je einem großen Löffel Dattelkaramell und den anderen Zutaten garnieren.

Es empfiehlt sich, etwas Zitronensaft zur Dattelkaramellsoße zu geben, gerade genug, um die Zähigkeit der Datteln zu brechen. Gleichzeitig lässt sich so verhindern, dass ein saurer Geschmack aufkommt. Außerdem kannst du die Soße mit einem Löffel Kakao, einer Prise Chili, Zimt oder Garam Masala aufpeppen. Bewahre die Karamellsoße im Kühlschrank auf – wenn sie niemand vorher aufisst, hält sie sich mehrere Wochen.

ROTE-BETE-GRANOLA

Selbst gemachtes Granola ist eines der beliebtesten Rezepte in meinem Blog. Deshalb habe ich in meinem Leben schon viele davon zubereitet: mit Schokolade, Kaffee, Chili und sogar mit Fünf-Gewürze-Pulver und Curry. Dieses stellt jedoch alles in den Schatten. Es ist knusprig, leicht süß und angenehm zimtig. Und – um deinen Fragen zuvorzukommen – nein, es schmeckt nicht nach Roter Bete.

ZUTATEN FÜR EIN GROSSES VORRATSGLAS

½ Tasse Walnüsse
¼ Tasse Mandeln
¼ Tasse Sonnenblumenkerne
2 ½ Tassen Haferflocken

3 EL flüssiges Kokosöl
5 EL gebackenes Rote-Bete-Püree
2 EL Agavendicksaft
¾ TL Zimt
⅓ TL Chili/Cayennepfeffer
¼ TL Salz

½ Tasse getrocknete Cranberrys
½ Tasse getrocknete Sauerkirschen

ZUBEREITUNG

- Den Ofen auf 180 °C vorheizen. Walnüsse und Mandeln grob hacken und in einer großen Schüssel mit Sonnenblumenkernen und Haferflocken vermischen.
- In einer kleinen Schüssel alle sonstigen Zutaten mit Ausnahme der Trockenfrüchte mit einem Schneebesen verquirlen. Die entstandene dickflüssige, glänzende Creme zu den anderen Zutaten in die große Schüssel geben. Gründlich mischen und dann alles auf einem mit Backpapier ausgelegten Backblech verteilen.
- Für 15–18 Minuten backen, in dieser Zeit das Granola zweimal umrühren. Zum Schluss abkühlen lassen, mit Trockenfrüchten vermischen und in einem luftdichten Glas aufbewahren. Mit Pflanzenmilch oder einem Fruchtcocktail essen oder ohne weitere Zutaten knabbern.

Wann immer du etwas im Ofen bäckst, empfiehlt es sich, eine in Backpapier gewickelte, geschrubbte Rote Bete dazuzugeben und sie etwa 50 Minuten lang mitzubacken. Wird sie dann im Kühlschrank aufbewahrt, ist sie stets zur Hand und lässt sich in Scheiben für ein belegtes Brot, in Würfel für Salate schneiden oder zu einem Püree mixen, das du für dieses Rezept verwenden kannst.

HIRSE-PAPRIKA

Heutzutage ist »Stettin-Paprika« (paprykarz szczeciski) nicht mehr besonders beliebt. Das ist nicht verwunderlich, da jeder damit immer noch die nicht sehr verlockenden Fischkonserven in Verbindung bringt, die in den Sechzigerjahren in Stettin erfunden wurden. In der veganen Version ist es jedoch einer der schnellsten, preiswertesten und einfachsten Brotaufstriche sowie eine perfekte Möglichkeit, den übrig gebliebenen, einige Tage zuvor gekochten Hirsebrei wiederzuverwerten.

ZUTATEN FÜR EIN GROSSES VORRATSGLAS

2 Karotten
¼ einer kleinen Sellerieknolle
1 Zwiebel
2 Lorbeerblätter
2 Pimentkörner
2 Körner schwarzer Pfeffer
Bratöl

3 EL Tomatenmark
1 TL geräuchertes Paprikapulver
½ TL Paprika edelsüß
½ TL Paprika rosenscharf
1 TL Sojasoße
½ Tasse Wasser
½ TL Salz

½ Tasse gekochte Hirse (¼ Tasse trockene Hirse)
1 EL Misopaste
Salz und schwarzer Pfeffer

ZUBEREITUNG

- Karotten und Sellerie grob raspeln, die Zwiebel in kleine Würfel schneiden. Öl in einer Pfanne erhitzen, Gemüse und Lorbeerblätter, Piment und Pfeffer hinzufügen. Bei mittlerer Hitze drei Minuten lang braten, von der Herdplatte nehmen und die Gewürze herausnehmen.
- Zum Gemüse in der Pfanne Tomatenmark, alle Sorten Paprikapulver, Sojasoße, Salz und Wasser geben und acht bis zehn Minuten schmoren lassen.
- Das weiche Gemüse in eine große Schüssel geben, Hirse und Misopaste hinzufügen. Gründlich mischen und darauf achten, dass die Hirse nicht verklumpt. Mit Salz und Pfeffer abschmecken, bis zu zehn Tage im Kühlschrank aufbewahren und auf Brot oder Brötchen mit Salzgurke oder Tomate essen.

Ursprünglich wurde das im Ungarischen auch als *Paprikás* bekannte Gericht mit Reis gegessen. Wenn du also im Kühlschrank nicht gerade Hirse, sondern Reis, Quinoa, Gerste oder Buchweizen zur Hand hast, kannst du sie getrost verwenden. Falls du unsicher bist, wie du die Hirse kochen solltest, mach es am besten so: Eine Tasse Hirse mit der doppelten Menge an kochendem Wasser spülen. In einen kleinen Kochtopf geben, zwei Tassen Wasser und eine Prise Salz hinzufügen. Abgedeckt bei geringer Hitze 15–20 Minuten kochen, und ganz wichtig: In dieser Zeit nicht umrühren. Um zu sehen, ob die Grütze das gesamte Wasser aufgenommen hat, empfiehlt es sich, vorsichtig den Griff einer Gabel hineinzustecken, aber keinesfalls die Grütze umzurühren. Danach den Herd ausschalten und den Deckel auf der Grütze lassen.

SENF-KÜRBIS-AUFSTRICH

Während der Aufnahmen zur dritten Staffel meiner Kochshow waren das ganze Team und ich zwei Wochen lang Gäste im wunderschönen Dorf Pokrzywnik. Jeden Tag aßen wir dort Frühstück, Mittag- und Abendessen, und der absolute Hit dieses Aufenthalts war eine mysteriöse Kürbispaste. Alle versuchten unentwegt, von der dortigen Dame des Hauses das Rezept zu bekommen, sie blieb jedoch hart. Mir blieb daher nichts anderes übrig, als in Erinnerung an den Geschmack dieses Aufstrichs meinen eigenen zuzubereiten.

ZUTATEN FÜR EIN GROSSES VORRATSGLAS

3 Schalotten
Olivenöl

2 ½ Tassen Püree vom Hokkaido-Kürbis (1 gebackener Hokkaido-Kürbis, S. 262)
2–3 EL Zitronensaft
2 EL körniger Senf
2 EL fein gehackte Petersilie
½ TL Paprika edelsüß
½ TL Paprika rosenscharf
1 TL geräuchertes Paprikapulver
¼ TL Chiliflocken
Salz und schwarzer Pfeffer

ZUBEREITUNG

- Schalotten schälen und würfeln. Einige Löffel Öl in einer Pfanne erhitzen, die Schalotten hineingeben und bei mittlerer Hitze drei Minuten braten, bis sie glasig und weich sind.
- Die restlichen Zutaten in eine große Schüssel geben, die gebratenen Schalotten dazugeben und gut untermischen. Abschließend mit Salz und Pfeffer abschmecken und auf Brot oder Brötchen mit deinen Lieblingszutaten essen. Nicht länger als zehn Tage im Kühlschrank aufbewahren.

Versuche nicht, den Hokkaido-Kürbis durch eine andere Kürbisart zu ersetzen, denn aus anderen Kürbisarten bestehendes Püree wird zu flüssig. Statt Kürbis kannst du auch Karotten, Süßkartoffeln oder eine Mischung aus beidem probieren – aber dann ist es empfehlenswert, noch etwas Senf und Zitronensaft hinzuzufügen. Hinweise zur Zubereitung des Pürees findest du auf Seite 262.

BIRNEN-LAUCH-SCHMALZ

Es gibt, glaube ich, kaum noch Vegetarier bzw. Veganer, die nicht von Bohnenschmalz gehört haben. Ich habe vor Jahren im Blog darüber geschrieben, in meiner TV-Show davon erzählt, und natürlich habe ich das Rezept in meinem vorherigen Buch mit dir geteilt. Deshalb habe ich aus Experimentierfreude eine andere Version dieser Paste entwickelt – mit Lauch, Birne und Schwarzkümmel.

ZUTATEN FÜR EIN GROSSES VORRATSGLAS

1 Stange Lauch, nur der helle Teil
1 Birne
2 Lorbeerblätter
2 Nelken
1 Pimentkorn
1–1½ TL Schwarzkümmel
4 EL Bratöl

1 Dose weiße Bohnen (¾ Tasse trockene Bohnen, eingeweicht und gekocht)
2 EL Wasser
1–2 EL Sojasoße
½ TL getrockneter Thymian
½ TL getrockneter Majoran
Salz und schwarzer Pfeffer

ZUBEREITUNG

- Den Lauch längs halbieren und in Scheiben schneiden. Die Birne schälen und in maximal einen halben Zentimeter große Würfel schneiden. Anschließend Öl in einer Pfanne erhitzen, Lauch, Birne, Lorbeerblätter, Nelken, Piment und Schwarzkümmel dazugeben und bei sehr geringer Hitze für acht bis zwölf Minuten braten, bis der Lauch leicht goldfarben und sehr weich ist.
- In der Zwischenzeit die restlichen Zutaten im Bechermixer mixen. Alle Gewürze außer dem Schwarzkümmel aus dem weichen Lauch herausfischen, alles zum Bohnenschmalz dazugeben und gründlich, aber vorsichtig mischen. Zum Schluss mit Salz abschmecken. Nicht länger als zehn Tage im Kühlschrank aufbewahren.

> Im Gegensatz zum klassischen veganen Schmalz mit Apfel und Zwiebel, das am besten mit eingelegten Gurken schmeckt, passen zu Lauchschmalz besser marinierte Pilze, Patissons und andere, etwas vornehmere Zutaten.

FAUX GRAS

»Foie gras« ist eine sehr nichtvegane französische Gänseleberpastete. Deswegen findest du hier ein Rezept für »Faux gras«, denn das Adjektiv »faux« ist das französische Wort für „falsch". Mit dem Original verbinden es die Gewürze, das Branntweinaroma und die Tatsache, dass es sehr gut zu Baguette schmeckt. Ich habe lange an dieser Rezeptur gearbeitet, damit vielleicht jemand beschließt, weil es so köstlich ist, diese Version statt der Vorlage zuzubereiten.

ZUTATEN FÜR EIN GROSSES VORRATSGLAS

150 g Champignons
Bratöl

5 Schalotten
1 TL Agavendicksaft
1 Lorbeerblatt
1 Rosmarinzweig
1 Thymianzweig

¼ Tasse Whiskey oder Brandy

1 Tasse trockene braune oder grüne Linsen
4 getrocknete Pilze
2–2 ¼ Tassen Wasser

½–¾ Tasse Pflanzenmilch
2 EL Olivenöl
2 EL gehackte Petersilie
1 EL Sojasoße
1 EL Balsamessig
1 EL Whiskey oder Brandy
1 Prise Muskatnuss
Salz und schwarzer Pfeffer

ZUBEREITUNG

- Champignons putzen und in Scheiben schneiden; Schalotten halbieren und in halbe Scheiben schneiden.
- In einer großen Bratpfanne das Öl stark erhitzen, Champignons dazugeben, drei Minuten braten und dabei möglichst wenig rühren.
- Gehackte Schalotten zusammen mit Agavendicksaft, Lorbeerblatt, Rosmarin und Thymian hinzufügen und alles weitere drei Minuten braten.
- ¼ Tasse Whiskey dazugießen, die Hitze erhöhen und den Alkohol verdampfen lassen. Danach Lorbeerblatt, Rosmarin und Thymian herausfischen.
- Linsen, getrocknete Pilze und Wasser dazugeben und den Deckel auflegen. Bei schwacher Hitze mit Deckel kochen lassen, bis die Linsen das Wasser aufgenommen haben und weich sind (25–30 Minuten lang).
- Die so zubereiteten Linsen in eine Schüssel oder das hohe Gefäß eines Mixers geben und zu einem dicken Teig verarbeiten. Die restlichen Zutaten hinzufügen und erneut mixen. Falls erforderlich, mehr Milch oder Öl dazugeben. Mit Salz und reichlich Pfeffer abschmecken. Nicht länger als 14 Tage im Kühlschrank aufbewahren.

Am wichtigsten in diesem Rezept ist es, die Pilze richtig zuzubereiten. Lass sie nicht zu lange in Wasser einweichen, sondern wasche sie, sofern erforderlich, schnell und effizient, damit sie nicht durchweichen. Dann das Öl sehr gut erhitzen, und nachdem du die Pilze hineingegeben hast, fast gar nicht mehr rühren. Nur so werden sie goldbraun und saftig, und ihr Geschmack wird vollmundig und intensiv pilzig. Dazu passt ein französischer Weißwein.

FEIGEN-OLIVEN-TAPENADE

Jeder kennt wahrscheinlich die klassische Tapenade oder schwarze Olivenpaste, die aus der Provence stammt. Es gibt viele verschiedene Arten, manchmal sind sie mit gebratenen Auberginen, manchmal mit Sardellen und manchmal mit etwas Branntwein zubereitet. Aber meine Lieblingsvariante ist die, bei der der salzige Geschmack der Oliven durch süße, klebrige getrocknete Feigen gebrochen wird.

ZUTATEN FÜR EIN GROSSES VORRATSGLAS

4 getrocknete Feigen
1 Tasse heißes Wasser

1 ½ Tassen schwarze, entkernte Oliven
¼ Tasse Walnüsse
1–2 EL Zitronensaft
1 TL Kapern
½ Knoblauchzehe
einige Blätter frischer Rosmarin oder ½ TL getrockneter Rosmarin
Salz und schwarzer Pfeffer

¼ Tasse Extra-Vergine-Olivenöl

ZUBEREITUNG

- Eine Tasse heißes Wasser über die getrockneten Feigen gießen und sie mindestens eine Viertelstunde stehen lassen. Man kann sie genauso gut die ganze Nacht ziehen lassen. In der Zwischenzeit die anderen Zutaten vorbereiten und abmessen.
- Die Feigen abtropfen lassen und in einen Mixbecher geben. Gründlich zu einer dicken Paste mixen, dann alle anderen Zutaten bis auf das Olivenöl dazugeben. Mit pulsierenden Bewegungen mixen, dabei immer wieder die Masse von den Wänden des Mixbechers nach unten schaben, damit sich die Zutaten vermischen. Zum Schluss das Olivenöl dazugeben, kurz mixen und mit wenig Salz sowie schwarzem Pfeffer abschmecken.
- Alles in ein Vorratsglas geben und bis zu drei Wochen im Kühlschrank aufbewahren. Schmeckt hervorragend mit Baguette und frischem Gemüse.

> Wenn du eine ganz besondere Tapenade servieren möchtest, weiche die Feigen doch einmal in heißem Branntwein oder trockenem Rotwein ein statt in Wasser. Mit dieser Variante solltest du aber besser bis zum Wochenende oder Abendessen warten.

WEISSE-BOHNEN-AUFSTRICH
MIT ROSINEN

Als ich einmal durch Israel reiste, entschloss ich mich, einen Kibbuz zu besuchen, in dem Gemüse angebaut wurde. Den ganzen Tag über bewunderte ich die Dattelplantage, geschickt bewässerte Beete mit Kräutern und Tomatenbüsche, die die süßesten Datteltomaten trugen. Nach einem ereignisreichen Tag schlief ich wie ein Stein, und am Morgen bekam ich diese Paste und heißes Pita-Brot zum Frühstück. Das war, glaube ich, das beste Frühstück, das ich je in Israel hatte genießen dürfen.

ZUTATEN FÜR EIN GROSSES VORRATSGLAS

½ Zwiebel
½ Tasse Rosinen
½ entkernte Chilischote
1 TL Kreuzkümmelsamen
½ TL schwarze Senfkörner
Bratöl

1 Dose weiße Bohnen (¾ Tasse trockene Bohnen, eingeweicht und gekocht)
½ TL gemahlener Koriander
½ TL gemahlener Kreuzkümmel
2 EL Wasser
2 EL Extra-Vergine-Olivenöl
Salz und schwarzer Pfeffer

ZUM SERVIEREN

Extra-Vergine-Olivenöl, geröstete Kreuzkümmelsamen
Oregano oder Petersilie

ZUBEREITUNG

- Zwiebel würfeln, Rosinen in kleinere Stücke hacken. Öl in einer Pfanne erhitzen und gehackte Zwiebel, Rosinen, Chili, Kreuzkümmel und Senfkörner hinzufügen. Vier bis fünf Minuten braten, bis die Zwiebeln richtig süß und goldgelb sind.
- In der Zwischenzeit die restlichen Zutaten im Bechermixer mit kurzer Klinge mixen. Wenn die Zwiebeln fertig sind, zur Paste geben und nochmals kurz mixen. Mit etwas Olivenöl und gerösteten Kreuzkümmelsamen servieren.

> Wer Rosinen im Käsekuchen nicht mag, wird überrascht feststellen, dass sie hierzu wirklich gut schmecken. Wenn du sie absolut nicht leiden kannst, probiere doch mal, sie gegen ein paar gehackte Datteln auszutauschen. Und wenn du die Paste einer ganz besonderen Person zum Frühstück servierst, empfiehlt es sich, sie mit heißem Olivenöl zu übergießen – dann schmeckt sie außergewöhnlich köstlich.

VIETNAMESISCHE PFANNKUCHEN
-GLUTENFREI-

Während die heutigen Bewohner der westlichen Welt oft drei Arten von Mehl, Bindemittel und unbedingt eine große Menge Milch benötigen, um glutenfreie Pfannkuchen zuzubereiten, werden sie in Vietnam seit Jahrhunderten aus nur zwei Zutaten zubereitet: Reis und Wasser. Sie sind dünn, leicht knusprig, biegsam, und ihre Zubereitung ist ein Kinderspiel – vorausgesetzt, man weicht den Reis am Vorabend ein. Dann geht alles wie von selbst.

ZUTATEN FÜR FÜNF BIS SECHS PFANNKUCHEN

1 Tasse	Klebreis, mindestens 12 Stunden in Wasser eingeweicht
1 Tasse	Wasser
¼ TL	Salz
	Bratöl

ZUBEREITUNG

- Den eingeweichten Reis abgießen, abspülen und in einen hohen, schmalen Mixbecher geben – aber nicht in eine Schüssel. Salz und die Hälfte des Wassers hinzufügen. Mit einem Stabmixer zu einer glatten weißen Creme mixen, dann das restliche Wasser hinzufügen und noch einige Sekunden lang mixen. Der fertige Pfannkuchenteig sollte flüssig, fast wässrig und glatt sein.
- Die Pfanne mit etwas Öl fetten und stark erhitzen. Eine dünne Schicht Teig in die Pfanne gießen, von einer Seite braten, und wenn der Pfannkuchen beginnt, sich von der Pfanne zu lösen, wenden und von der anderen Seite braten. Den Vorgang mit jedem Pfannkuchen wiederholen, bis der Teig aufgebraucht ist.
- Die fertigen Pfannkuchen süß oder salzig servieren. Für möglichst weiche Pfannkuchen diese aufeinanderstapeln und diesen Pfannkuchenturm kurz vor dem Servieren umkehren – die, die unten waren, werden deutlich weicher sein.

Probiere lieber nicht, statt Reis fertiges Reismehl zu verwenden, denn so verändert sich völlig die Struktur der Pfannkuchen. Pfannkuchen aus weißem Reismehl werden spröde und brüchig, während die aus eingeweichtem Reis weich sind und sich leicht von der Pfanne lösen lassen. Auch brauner Reis ist für den Anfang nicht zu empfehlen – er muss bis zu drei Tage eingeweicht werden. Ohne Bedenken sind dagegen ungerösteter Buchweizen oder Quinoa verwendbar. Je länger der Reis eingeweicht wird, desto besser gelingen die Pfannkuchen – man kann ihn sogar bis zu einer Woche lang im Kühlschrank im Wasser stehen lassen. Und wenn du nach dem Frühstück noch Teig übrig hast, kannst du ihn auch in den Kühlschrank stellen und erst nach ein paar Tagen verwenden. Ein günstigeres Rezept wirst du nicht finden.

CONGEE

In Asien braucht man gar nicht erst nach belegtem Brot oder Toasts auf dem Frühstückstisch zu suchen, denn ein asiatisches Frühstück muss heiß und nahrhaft sein. Deshalb besteht es meistens aus Suppe – in Japan ist es eine Misosuppe, in Korea eine Suppe mit fermentierter Sojapaste und Gemüse und in Vietnam eine Pho-Suppe. Und obwohl es in jeder Ecke Asiens eine andere nationale Frühstückssuppe gibt, die auf völlig unterschiedliche Weise gewürzt und mit verschiedenen Beilagen serviert wird, sind alle Länder durch die Reissuppe, das sogenannte Congee, miteinander verbunden. Damit es die richtige Konsistenz und die nach der chinesischen Volksmedizin benötigte Energie freisetzt, muss der Reis mehrere Stunden lang mit Wasser und Ingwer gekocht werden. Wer morgens nicht so viel Zeit hat, braucht sich nicht zu sorgen – es genügt, am Sonntag, wenn du Zeit zu Hause verbringst, den Congee zu kochen und dann jeden Tag eine kleine Portion zum Frühstück aufzuwärmen. Während du das Congee erwärmst, kannst du in fünf Minuten die Beilagen zubereiten, und du wirst sehen, wie viel Kraft und Energie du nach einem solchen Frühstück hast.

ZUTATEN FÜR FÜNF PORTIONEN

½ Tasse Reis
1 EL Bratöl

4 Tassen Wasser
2 Scheiben frischer Ingwer
⅓ TL Salz

SOSSENZUTATEN FÜR JE EINE PORTION

1 EL Sojasoße
1 TL Agavendicksaft
1 TL Reisessig
1 TL heißes Wasser

BEILAGEN

gebratene Pilze, gedünstete Tomaten, Sesamöl, gerösteter Sesam, dünner Schnittlauch oder andere beliebte Frühstücksbeilagen deiner Wahl (optional)

ZUBEREITUNG

- Den Reis in ein Sieb geben, spülen und gut abtropfen lassen. In einem großen Topf das Öl stark erhitzen, den Reis dazugeben und eine Minute lang anbraten.
- Wasser, Ingwer und Salz dazugeben. Den Topf zudecken, den Inhalt zum Kochen bringen und anschließend bei sehr schwacher Hitze mindestens eine Stunde, vorzugsweise drei Stunden, köcheln lassen.
- Wenn das Congee fertig ist, alle Zutaten der Soße in einer kleinen Tasse miteinander verrühren und die ausgewählten Beilagen bereitlegen. Eine Portion Congee in eine kleine Schüssel geben, die Soße darübergießen und die Beilagen hinzufügen. Den Rest vom Congee im Kühlschrank aufbewahren und am nächsten Tag entweder genauso oder auf völlig andere Weise servieren.

Selbst wenn man Congee jeden Tag isst, wird es nicht langweilig. Das gelingt dir, indem du einfach die Beilagen änderst und die Reissuppe montags mit gebratenem Grünkohl, dienstags mit gedünsteten Champignons, mittwochs mit gebratenen Auberginenscheiben, donnerstags mit gebackenen Kürbisscheiben isst und sie am Freitag süß mit Birnen und schwarzem Sesam genießt. Oder iss das Congee einfach mit dem, was du gerade im Kühlschrank findest – alle Tricks sind erlaubt.

FRÜHSTÜCKS-LINSEN-DAL

Während in Südostasien fast jeder Tag mit einer Suppe beginnt, isst in Indien und Sri Lanka jeder morgens Dal – ein wärmendes Linsengericht. Je nach Region sind die Gewürze und Zutaten unterschiedlich, aber meine Lieblingsversion ist ein einfaches sri-lankisches Dal aus roten Linsen. Es wird traditionell mit Puffern, Pfannkuchen und Kokos-Sambals serviert, einer Beilage aus geriebener Kokosnuss, gewürzt mit Limette und Chili.

ZUTATEN FÜR VIER BIS SECHS PORTIONEN

2 Tassen	getrocknete rote Linsen (350 g)
2 ½ Tassen	Wasser
1 ½ TL	Kurkuma
1 Dose	Kokosmilch
	Salz

ZUM ANBRATEN

1	große Zwiebel
1	Tomate
1 ½ TL	Kreuzkümmelsamen
1 TL	schwarze Senfkörner
1 TL	Bockshornkleesamen
2–3 EL	Bratöl
20	getrocknete Curryblätter
½ TL	Chiliflocken

KOKOS-SAMBAL

½	frische Kokosnuss
½	Schalotte
¼ TL	Chiliflocken
¼ TL	Chili/Cayennepfeffer
	Saft einer halben Limette
1 Prise	Salz

ZUBEREITUNG

- Linsen spülen. Mit Wasser und Kurkuma in einen Topf geben und zugedeckt bei schwacher Hitze für zehn Minuten kochen, bis die Linsen beginnen weich zu werden.
- Für ein Kokos-Sambal die Kokosnuss mit dem Messerrücken rundherum abklopfen, und dann so lange klopfen, bis sie anfängt zu platzen. Das Kokoswasser abgießen und das Fruchtfleisch herausnehmen. Raspeln und anschließend mit gehackten Schalotten, Chiliflocken, Cayennepfeffer und den Saft einer halben Limette sowie Salz mischen und beiseitestellen.
- Für das Dal die Zwiebel hacken und die Tomate in kleine Würfel schneiden. Öl in einer Pfanne erhitzen. Kreuzkümmel, Senfkörner, Bockshornklee und Zwiebel dazugeben und für zwei Minuten braten, bis die Zwiebel glasig und leicht goldbraun ist. Curryblätter und Chiliflocken hinzufügen, einige Sekunden anbraten, dann die klein geschnittene Tomate dazugeben und weitere zwei bis drei Minuten lang braten. Zum Schluss den Inhalt der Pfanne zu den gekochten Linsen geben.
- Kokosmilch und einen halben Teelöffel Salz ebenfalls in den Topf zu den Linsen geben, zum Kochen bringen und weitere fünf Minuten kochen lassen. Mit Salz abschmecken, mit oder ohne Sambal servieren, und wenn du dich richtig satt essen willst, auch mit Kartoffelpuffern oder einem guten Stück Brot.

> Es empfiehlt sich, das Kokoswasser zu trinken – es ist sehr gesund – und die Hälfte des Fruchtfleisches für das Sambal zu verwenden. Der Rest lässt sich sofort vernaschen oder kann im Kühlschrank aufbewahrt und wenige Tage später zu Haferbrei oder deinem Lieblingsdessert dazugegeben werden. Wenn du dir eventuelle Schwierigkeiten mit der Kokosnuss ersparen möchtest, probiere doch alternativ auch Kokosraspel, die in einer Flasche in ein paar Esslöffeln Wasser oder Kokosmilch eingeweicht wurden. Das ist jedoch teurer und nicht ganz so lecker.

APFEL-REISBREI
MIT GARAM MASALA

In Europa sind wir es gewohnt, zum Frühstück Haferflocken mit Äpfeln zu essen, die gewöhnlich mit Zimt gewürzt werden. Es lohnt sich jedoch, auch mal eine Pause vom Haferbrei einzulegen und uns stattdessen Reisbrei mit Äpfeln und der indischen Gewürzmischung Garam Masala zuzubereiten. Dieses Gewürz peppt das Aroma der Äpfel mehr auf als der beste Zimt und ist umso wärmender.

ZUTATEN FÜR ZWEI PORTIONEN

½ Tasse Reis
¾ Tasse Wasser
2 EL Rohrzucker
1 TL Garam Masala
Salz
1 Tasse Pflanzenmilch

ZUM SERVIEREN

1 Apfel
Saft von ½ Zitrone
1 Prise Garam Masala
Agavendicksaft (optional)

ZUBEREITUNG

- Reis, Rohrzucker, Garam Masala, eine großzügige Prise Salz und Wasser in einem kleinen Topf bei schwacher Hitze zugedeckt 12–15 Minuten kochen lassen.
- Wenn der Reis das gesamte Wasser aufgenommen hat, Pflanzenmilch hinzufügen und ohne Deckel noch vier bis fünf Minuten kochen lassen. In der Zwischenzeit den Apfel schälen, in Würfel schneiden, großzügig mit Zitronensaft begießen und mit Garam Masala bestreuen. Den heißen Reisbrei in Schüsseln geben, mit Äpfeln und ein wenig Agavendicksaft garnieren.

Wenn du kein Garam Masala hast, verwende eine andere orientalische Gewürzmischung, zum Beispiel das chinesische Fünf-Gewürze-Pulver oder Curry. Garam Masala lässt sich aber auch selbst zubereiten, indem man zwei Esslöffel Koriandersamen, einen Esslöffel Kreuzkümmel, die aus einer Kardamomkapsel herausgeschälten Körner, einen Teelöffel Nelken, einen halben Teelöffel schwarzen Pfeffer und zwei Zimtstangen röstet und dann zermahlt. Die fertige Mischung in einem Glas aufbewahren und sie für Linsensuppe, gebackenes Gemüse und gebratenen Reis verwenden.

AVOCADO MIT KOKOSNUSSSPECK

Nein, du hast keine Halluzinationen, hier steht wirklich „Kokosnussspeck". Vielleicht schmunzelst du über diesen Namen oder schüttelst skeptisch den Kopf, aber wenn du einmal diese knusprige Köstlichkeit probiert hast, wirst du dich über deine anfänglichen Zweifel wundern. Kokosnussspeck sind mit geräuchertem Paprika und Ahornsirup eingeriebene Kokoschips, die anschließend im Ofen gebacken werden. Man kann ihn wirklich zu allem hinzufügen – zu jedem Salat, zu Spargelcreme, zu Frühkartoffeln oder zu gekochten Saubohnen. Oder lass ihn glänzen und serviere ihn einfach mit einer reifen Avocado – wetten, dass du dir mehr davon nehmen wirst?

ZUTATEN

1 Tasse Kokoschips

2 EL Sojasoße
1 EL Bratöl
1 ½ TL Ahornsirup
1 TL geräuchertes Paprikapulver
½ TL Paprika rosenscharf
½ TL Zwiebeln, granuliert (optional)
1 Prise Salz und Pfeffer

ZUM SERVIEREN

1 reife Tomate
Limetten- oder Zitronensaft
1 reife Avocado
Salz und schwarzer Pfeffer

ZUBEREITUNG

- Den Ofen auf 175 °C vorheizen. Kokoschips in eine große Schüssel geben und in einer kleinen Tasse alle anderen Zutaten gründlich vermischen.
- Den Inhalt der Tasse auf den Kokoschips verteilen und vorsichtig umrühren, bis alle Flakes gleichmäßig bedeckt sind.
- Die so zubereiteten Kokoschips auf einem mit Backpapier ausgelegten Backblech verteilen und 10–12 Minuten backen, alle drei Minuten wenden. Achtung: Der Speck brennt leicht an.
- In der Zwischenzeit eine reife Tomate würfeln. Die Avocado halbieren und vom Kern befreien. Beide Hälften mit gehackten Tomaten füllen, mit Salz und Pfeffer bestreuen und mit Limettensaft beträufeln. Eine großzügige Handvoll Kokosnussspeck auf der so zubereiteten Avocado verteilen.

> Du kannst den Kokosnussspeck auch mit der doppelten Menge an Zutaten zubereiten und in einem Vorratsglas für mehrere Wochen aufbewahren. Wenn du Zeit hast, lass die Kokosnuss vor dem Backen eine Stunde in der Marinade – das macht den Speck noch leckerer.

KÜRBISBUTTER

In den Vereinigten Staaten gibt es bekannterweise »pumpkin butter«, das heißt Kürbisbutter. Wie groß war meine Enttäuschung, als ich herausfand, dass es sich dabei nur um einen lange gekochten Kürbis mit Zucker und Zimt handelt! Dies veranlasste mich, direkt im nächstgelegenen Laden einkaufen zu gehen und aus geröstetem Kürbis und Kokosöl echte Kürbisbutter zuzubereiten – cremig, fettig und perfekt zum Bestreichen von Toasts, Sandwiches und süßem Haferbrei.

ZUTATEN FÜR EIN GROSSES VORRATSGLAS

1 Tasse Kürbispüree (S. 262)
⅓ Tasse Kokosöl

3–4 EL Ahornsirup
1 TL Vanilleextrakt
½ TL Zimt
1 Prise Salz

ZUBEREITUNG

- Kürbispüree und Kokosöl in einer kleinen Kasserolle aufkochen und unter ständigem Rühren zwei bis drei Minuten kochen lassen.
- Die warme Masse in einen Standmixer geben, die restlichen Zutaten hinzufügen und kurz mixen. Alles in ein Vorratsglas geben und im Kühlschrank aufbewahren. Schmeckt am besten auf heißem Toast, einer knusprigen Waffel, zu Pfannkuchen oder als Ergänzung zu Haferbrei.

Die obige Version dient nur als Beispiel. In der süßen Version lässt sich die Butter mit Lebkuchengewürz, Kakao, Dattelsirup oder ein paar Löffeln Fruchtmus würzen. Wenn du magst, probiere auch die herzhafte Version – nimm dazu Koriander und Limette, geräucherten Paprika und Chiliflocken, getrocknete Tomaten und Basilikum, Zitronenschale und schwarzen Pfeffer oder einfach das, was dir am besten gefällt.

GETROCKNETE-TOMATEN-TATAR
DIE BESTEN KARTOFFELPUFFER
AUBERGINENRÖLLCHEN
SOCCA
PETERSILIENWURZEL
GRÜNE BOHNEN MIT KOKOS
KARTOFFELN AUS BOMBAY
SOMMERROLLEN
ROTE-BETE-SUPPE
THAILÄNDISCHER KOHLRABISALAT
ERDNUSS-KAROTTEN-SALAT
KOREANISCHER GURKENSALAT
AUBERGINEN AUF JAPANISCHE ART
SPARGEL-SCHASCHLIKS
LAUCHSALAT MIT SESAM
AUSTERNPILZ-NUGGETS
ELOTE-SPARGEL
SAUBOHNENPASTE BOBOMOLE
BROKKOLISTRUNK-SALAT

KLEINER HUNGER

GETROCKNETE-TOMATEN-TATAR

Wie? Tatar ohne Fleisch? Tatar-Beefsteak ist ein Gericht aus rohem Hackfleisch, aber nicht erst seit heute bereiten die Chefköche der Welt Tatar aus Kabeljau, Lachs oder Garnelen zu. Höchste Zeit für veganes Tatar, das alle bisherigen in den Schatten stellt.

ZUTATEN FÜR ZWEI BIS VIER PORTIONEN

¾ Tasse getrocknete Tomaten in Öl
100 g Knollensellerie

1 Tasse gekochte Hirse (½ Tasse trockene Hirse, gekocht)
1 TL Sojasoße
½ TL Senf, Sareptasenf oder Tafelsenf
1–2 EL Rapsöl oder anderes natives Öl
½ TL Agavendicksaft
1 Prise Salz und viel schwarzer Pfeffer

ZUM SERVIEREN

¼ einer kleinen Zwiebel
½ kleine eingelegte Gurke

ZUBEREITUNG

- Ein Tuch befeuchten, unter ein großes Brett legen und festdrücken – so kann das Brett nicht verrutschen: der erste Schritt zum reibungslosen und erfolgreichen Zerkleinern.
- Getrocknete Tomaten und Sellerie mit einem scharfen Messer sehr fein hacken.
- Die zerkleinerten Zutaten in eine große Schüssel geben, die restlichen Zutaten hinzufügen und alles gründlich vermischen. Das Tatar mit Salz und Pfeffer abschmecken.
- Zum Schluss Zwiebel und eingelegte Gurke fein hacken. Das Tatar in zwei bis vier Portionen teilen, mit gehackten Zwiebeln und Gurken servieren.

> Der Trick, ein Tuch unter das Schneidebrett zu legen, wird in fast allen TV- Shows verwendet. Dies ist einer der Gründe, warum Köche vor dem Bildschirm so effizient hacken. Wenn du also viel Gemüse oder Kräuter hacken musst, stabilisiere zunächst das Schneidebrett. Der Unterschied ist überraschend groß.

DIE BESTEN KARTOFFELPUFFER

Ich verrate eine meiner heimlichen Leidenschaften, von der bisher nur meine engsten Freunde wussten. Jedes Mal, wenn ich krank oder niedergeschlagen bin oder vor Müdigkeit fast umfalle, schalte ich Magda Gesslers „Kuchenne rewolucje" („Küchenrevolutionen" – eine bekannte polnische TV-Kochdoku) ein. Ich habe alle Staffeln und habe einige Folgen sogar ein paar Mal gesehen. Am meisten warte ich immer auf den Moment, wenn Magda beim Testen des jeweiligen Restaurants Kartoffelpuffer bestellt und dann fast immer flucht, weil sie nicht knusprig genug sind und zu viel Mehl enthalten. Auch ich finde, dass Kartoffelpuffer ernst genommen werden sollten, sie sind das Markenzeichen einer jeden Küche. Deshalb habe ich ein Rezept für perfekte vegane Kartoffelpuffer vorbereitet. Die traditionellen aus Eiern und Weizenmehl können dabei nicht mithalten – diese hier sind viel knuspriger, knackiger und kompakter. Ich bin mir sicher, dass sogar Magda Gessler sie loben würde.

ZUATEN FÜR EIN BIS ZWEI PORTIONEN

300 g Kartoffeln
¼ Zwiebel
2 EL Kichererbsenmehl
Salz und schwarzer Pfeffer
Bratöl

ZUBEREITUNG

- Kartoffeln und Zwiebel reiben. Salz und schwarzen Pfeffer hinzufügen, mischen, dann Kichererbsenmehl hinzufügen und den Teig gründlich mischen.
- Öl in einer Pfanne erhitzen und portionsweise die Kartoffelmasse hinzufügen. Von jeder Seite einige Minuten braten, sofort servieren.

Schreckt dich die große Menge Öl auf dem Bild ab? Zu Unrecht, denn nur eine große Menge gut erhitzten Öls bewirkt, dass die Puffer nicht fettig werden. Das Geheimnis für perfekte vegane Puffer ist das Kichererbsenmehl, das die Puffer gleichzeitig zusammenklebt und ihnen Knusprigkeit verleiht, deshalb darfst du es weder auslassen noch ersetzen. Wenn du magst, verwende fertiges Mehl, oder gib eine Handvoll getrocknete Kichererbsen in die Mühle und stelle das Mehl in wenigen Sekunden selbst her. Auf die gleiche Weise gelingt es dir auch, Puffer aus Süßkartoffeln, Roter Bete oder gemischtem Wurzelgemüse zuzubereiten. Solange du Kichererbsenmehl verwendest, lässt sich das mit jedem Gemüse machen.

AUBERGINENRÖLLCHEN
MIT SPAGHETTI

»Pasta alla Norma« sind traditionelle sizilianische Nudeln, serviert mit Auberginen, wahrscheinlich so benannt nach dem Komponisten Vincenzo Bellini, dem Autor der Oper Norma. Aus diesem alten, klassischen Rezept ist ein neues Gericht mit Auberginen in der Hauptrolle entstanden, bei dem die Auberginen nicht in den Nudeln landen, sondern die Nudeln in den Auberginen, wodurch äußerst köstliche Röllchen mit Spaghetti in meiner geliebten Tomatensoße entstehen. Achtung! Sie verschwinden mit alarmierender Geschwindigkeit.

ZUTATEN FÜR ZWÖLF BIS FÜNFZEHN RÖLLCHEN

1 Aubergine à 500 g
Bratöl
Salz

150 g Spaghetti
Salz

FÜR DIE SOSSE

1 Dose gehackte Tomaten
1 TL Zucker
1 TL Salz

2 Knoblauchzehen
4 Basilikumzweige
3 EL Olivenöl

ZUBEREITUNG

- Den Ofen auf 200 °C vorheizen, für die Nudeln in einem großen Topf gesalzenes Wasser zum Kochen bringen. Die Aubergine längs halbieren, mit der aufgeschnittenen Seite nach unten auf das Schneidebrett legen und in gleich große, etwa einen halben Zentimeter dünne Scheiben schneiden.
- Die Scheiben auf ein großes, mit Backpapier ausgelegtes Blech legen, mit Öl bestreichen und salzen. Wenden, den Vorgang wiederholen und dann für fünf bis acht Minuten in den vorgeheizten Ofen schieben. Nach dieser Zeit wenden und weitere fünf Minuten backen – die Auberginen sollten weich, aber nicht angebrannt sein, weil dies das Rollen erschweren würde. Nach dem Herausnehmen der Auberginen nicht den Ofen ausschalten.
- Während die Auberginen im Ofen sind, kann die Soße zubereitet werden. In einem kleinen Topf die gehackten Tomaten mit Zucker und Salz aufkochen und 15 Minuten bei geringer Hitze kochen lassen. Knoblauchzehen, Basilikum und Olivenöl in einen zweiten, sehr kleinen Topf geben. Bei geringer Hitze erwärmen und zwei bis drei Minuten braten – sobald der Knoblauch an den Rändern anfängt, ein wenig braun zu werden, den Herd ausschalten und den Topf beiseitestellen. ➔

- Nudeln nach Packungsanweisung kochen. Dann abgießen, auf keinen Fall Wasser oder Öl darübergießen, und wieder in den Topf geben.
- Das Knoblauch-Basilikum-Öl zu den Tomaten gießen und dabei die Knoblauchzehen und Kräuter am Boden des Topfes lassen (oder wahlweise mitverwenden). Umrühren, noch einige Sekunden erhitzen und dann den Herd ausschalten. Die Hälfte der Soße in den Topf mit Spaghetti geben und gründlich mischen, den Rest stehen lassen.
- Jede Auberginenscheibe mit einem Küchentuch abtupfen, um das überschüssige Fett zu entfernen und das Rollen zu erleichtern. Eine Portion der mit der Soße verbundenen Spaghetti auf eine Gabel wickeln, auf eine Auberginenscheibe legen und das Ganze zu Röllchen aufwickeln. Mit allen Scheiben wiederholen.
- Die fertigen Röllchen in eine feuerfeste Form legen, die restliche Soße darübergießen und alles 12–15 Minuten lang backen. Mit schwarzem Pfeffer und frischem Basilikum servieren. Sie sind im heißen Zustand besonders lecker und am nächsten Tag vielleicht noch besser kalt.

Ich weiß, dieses Rezept ist im Alltag zu aufwendig – mitten in der Woche hat kaum jemand Zeit, Röllchen zu wickeln. Dafür ist es perfekt für ein Date, ein Abendessen am Sonntag oder ein Picknick. Und wenn du auch zu solchen Anlässen nicht genug Zeit hast, mach einfach nur die Tomatensoße nach diesem Rezept – da die Tomaten gekocht und Olivenöl am Ende zugegeben wird, ist sie einfach unglaublich aromatisch. Es dauert nur eine Viertelstunde, und man hat Lust, die so zubereitete Tomatensoße mit einem Löffel aus dem Topf zu essen. Sie lässt sich für jede Pasta, Pizza, Lasagne und sogar zu Puffern oder Burgern verwenden. Nicht länger als zwei Wochen im Kühlschrank aufbewahren.

SOCCA

»Socca, farinata, torta di ceci, cecina« ist ein dünner Fladen, der aus Kichererbsenmehl und Wasser hergestellt wird. Er kommt wahrscheinlich aus Genua, aber man kann ihn überall am ligurischen Meer, in Livorno, auf Korsika und anderen Orten antreffen – man isst ihn auch in den Straßen von Palermo und Nizza. Seine Einzigartigkeit beruht nicht nur auf den vielen Namen oder Orten, wo er vorkommt, sondern auch auf der einfachen Zubereitung und den vielen Anwendungsmöglichkeiten. Gebackene Socca schmeckt kalt oder warm und kann wie Pita-Brot mit Hummus serviert werden. Man kann sie mit der Lieblingspaste bestreichen und sie anstelle von belegtem Brot zum Frühstück essen oder einfach mit gutem Olivenöl beträufeln und bei einem Glas Wein knabbern.

ZUTATEN FÜR EINE FORM MIT EINEM DURCHMESSER VON 28 CM ODER ZWEI KLEINERE

1 Tasse	Kichererbsenmehl
1 Tasse	und 2 EL Wasser
2 EL	Olivenöl
½ TL	Salz
½ TL	gemahlener Kreuzkümmel, Koriander oder ein anderes Lieblingsgewürz

AUSSERDEM

2–3 EL	Olivenöl zum Einfetten der Form

LIEBLINGSZUTATEN ZUM SERVIEREN

- Alle Zutaten in einer Schüssel gut vermischen und mindestens 30 Minuten beiseitestellen – in dieser Zeit weicht das Kichererbsenmehl richtig ein.
- Den Ofen auf 220 °C vorheizen. Die mit Öl eingefettete Form für drei bis fünf Minuten in den Ofen schieben, um sie richtig zu erwärmen.
- Die heiße Form herausnehmen, den Kichererbsenteig hineingießen und wieder in den Backofen schieben. 20–22 Minuten backen, bis die Ränder stark gebräunt sind. Schneiden und sofort oder kalt servieren. Socca schmeckt gut mit Hummus, Tapenade (S. 53), Faux gras (S. 51), als Beilage zu Salaten, einfach mit gutem Olivenöl beträufelt oder mit frischen Kräutern und Salz.

> Dass Socca die beste glutenfreie Alternative zu Salzkeksen, Pita-Brot oder Focaccia sei, wäre eine Lüge. Socca ist so gut, dass es untertrieben ist, es mit dem Etikett „für glutenunverträgliche Menschen" zu versehen. Jeder, dem du Socca servierst, wird es lieb gewinnen. Achte aber darauf, die Form vor dem Einfüllen des Teigs wirklich gut zu erhitzen, den Fladen dünn zu halten und gut gemahlenes Kichererbsenmehl zu verwenden. Am besten eignet sich fertiges oder selbst gemachtes, gesiebtes Kichererbsenmehl.

PETERSILIENWURZEL
AUF TUNESISCHE ART

»Mzoura« ist ein tunesisches Gericht aus Petersilienwurzel, die in reichlich Öl gebraten und dann großzügig mit scharfen Gewürzen bestreut wird. Es dient als großartige Vorspeise oder Beilage zu anderen arabischen Gerichten wie Hummus oder Baba Ghanoush, über die ich im Blog und in meinem vorherigen Buch bereits viel geschrieben habe. Ich liebe dieses Gericht wegen seiner Süße, die im Kontrast zur Schärfe steht. Daher habe ich nur eine Veränderung vorgenommen: Anstatt die Wurzeln zu braten, empfehle ich, sie mit Gewürzen eingerieben zu backen. Das macht sie noch süßer und gesünder, und man braucht nicht so lange am Herd zu stehen.

ZUTATEN FÜR DREI BIS VIER PORTIONEN

1 kg Petersilienwurzel

3–4 EL Bratöl
½ TL gemahlener Kreuzkümmel
¼ TL gemahlener Kümmel
¼ TL gemahlener Koriander
¼ TL Chili/Cayennepfeffer
¼ TL Zimt
Salz

ZUM SERVIEREN

Zitronensaft
Zitronenschale
gute Oliven
Chiliflocken
frischer Koriander

ZUBEREITUNG

- Den Ofen auf 200 °C vorheizen. Die Petersilienwurzel schälen und in dicke Scheiben schneiden, die größeren können halbiert werden, damit jedes Stück ähnlich groß ist.
- Die Scheiben in eine Schüssel geben, alle Gewürze, Öl und Salz dazugeben und alles gründlich vermischen. Die Scheiben auf einem mit Backpapier ausgelegten Backblech verteilen und für 20–25 Minuten im heißen Ofen backen.
- Die Petersilienwurzel mit Zitronensaft beträufeln, mit Zitronenschale, Chiliflocken und frischem Koriander bestreuen und locker mit halbierten Oliven vermischen. Kann als leichtes Mittagessen oder mit Quinoa, Bulgur oder Reis als sättigendes Mittagessen genossen werden. Schmeckt genauso gut kalt serviert am nächsten Tag.

> Lege vielleicht ein Stück Kürbis oder ein paar rote Rüben neben die Petersilienwurzel, bevor du das Backblech in den Ofen schiebst – so entsteht am nächsten Tag in fünf Minuten ein leckerer Senf-Kürbis-Aufstrich (S. 47) oder Rote-Bete-Granola (S. 43). Es lohnt sich, den heißen Ofen in vollem Umfang zu nutzen, denn das spart viel Energie.

GRÜNE BOHNEN MIT KOKOS

Als ich durch Indien reiste, wollte ich nur kurz in Goa vorbeischauen und dann weiterziehen. Leider wurde ich in Goa krank, verpasste dadurch meinen Flug, und meine ganze Reiseroute wurde auf den Kopf gestellt. Dann riet mir ein Freund, als Trost ein nahe gelegenes Dorf zu besuchen, wo eine großartige Köchin wohnte. Und sie war es, die mir dieses Gericht aus grünen Bohnen zubereitete – als ich es probierte, bekam ich Lust, länger dort zu bleiben.

ZUTATEN FÜR DREI BIS VIER PORTIONEN

1 Zwiebel
¼ Tasse Kokosraspel
½ TL gemahlener Kreuzkümmel
¼ TL Chili/Cayennepfeffer
2 EL heißes Wasser

500 g grüne Bohnen

1 TL Kreuzkümmelsamen
Bratöl

1 große Tomate
Salz

ZUM SERVIEREN

frischer Koriander

ZUBEREITUNG

- Wasser aufkochen (z. B. im Wasserkocher). Die Schale der Tomate kreuzförmig einschneiden, kochendes Wasser darübergießen und eine Minute warten. Dann die Tomate mit kaltem Wasser übergießen, häuten und in Würfel schneiden. Die Bohnen waschen und in kleine, halbzentimetergroße Stücke schneiden. In Viertel geschnittene Zwiebel, Kokosraspel, Kreuzkümmel, Chili und Wasser in einen Mixbecher geben und alles zu einer Paste pürieren.
- In einem Topf oder einer Pfanne etwas Öl erhitzen, Kreuzkümmelsamen hinzufügen und 30 Sekunden braten. Die vorbereitete Paste dazugeben und weitere zwei bis drei Minuten braten.
- Die Bohnen dazugeben, einmal umrühren und weitere 30 Sekunden braten. Zum Schluss die gehackten Tomaten hinzufügen, mit einer großen Prise Salz bestreuen, die Hitze erhöhen und alles drei bis fünf Minuten ohne Deckel köcheln lassen. Das Gericht ist fertig, wenn die Tomaten leicht auseinanderfallen und die Bohnen noch hellgrün und bissfest sind. Mit frischem Koriander als Beilage zu Reis oder Quinoa servieren. Schmeckt auch hervorragend am nächsten Tag kalt serviert.

> Obwohl solche Bohnen traditionell mit Reis serviert werden, schmecken sie am besten mit gut gekochter Quinoa – das heißt im Verhältnis von einer Tasse Quinoa zu eineinhalb Tassen Wasser. Dann ist die Quinoa bissfest, so wie die Bohnen, und das ganze Gericht knuspert angenehm im Mund.

KARTOFFELN AUS BOMBAY

Bombay ist berühmt für sein Streetfood und seine unglaublich abwechslungsreiche Gastronomie, in der sich die Einflüsse der Küchen aus Nordindien, Südindien und dem Ausland vereinen. Es ist ein wahres Paradies für Vegetarier und Veganer, die die Streetfood-Spezialitäten lieben, denn die meisten Speisen sind fleischlos. Und eines der leckersten und am einfachsten zu Hause nachzumachenden Gerichte sind Bombay-Kartoffeln.

ZUTATEN FÜR ZWEI BIS VIER PORTIONEN

500 g Kartoffeln
Salz
Bratöl

1 Zwiebel

½ TL Kreuzkümmelsamen
½ TL braune Senfkörner
¼ TL Koriandersamen
1 Prise Salz

½ TL gemahlener Koriander
½ TL gemahlener Kreuzkümmel
¼ TL Chili/Cayennepfeffer
¼ TL Kurkumapulver

ZUM SERVIEREN

frischer Koriander

ZUBEREITUNG

- Ungeschälte Kartoffeln schrubben und in Salzwasser weich kochen. Abtropfen lassen, würfeln und abkühlen lassen.
- Einige Esslöffel Öl in einer Pfanne erhitzen. Die Kartoffeln hinzufügen und bei starker Hitze fünf Minuten anbraten und dabei möglichst wenig rühren, damit ihre Schale knusprig und goldbraun wird. In der Zwischenzeit eine Zwiebel würfeln.
- Die Zwiebel zu den angebratenen Kartoffeln geben, gründlich mischen und zwei bis drei Minuten lang braten. Die ungemahlenen Gewürze, das heißt Kreuzkümmelsamen, braune Senfkörner und Koriander, hinzufügen und weitere zwei Minuten braten. Zum Schluss die restlichen Gewürze hinzufügen, salzen, alles gründlich mischen und für weitere 30 Sekunden braten.
- Die heißen Kartoffeln mit viel frischem Koriander bestreuen und als Beilage zu Curry oder als separates Gericht servieren. Schmeckt auch kalt serviert hervorragend.

> Für dieses Rezept eignen sich noch besser gekochte Kartoffeln, die vom Abendessen des Vortages übrig geblieben sind, selbst wenn sie geschält sind.

SOMMERROLLEN
-DIE NICHT AUSEINANDERFALLEN-

Viele selbst gemachte Reispapierrollen fallen auseinander, weil fast jedes europäische Buch über die asiatische Küche dazu rät, alle Zutaten auf einmal ins Reispapier zu rollen. So entsteht immer ein Loch im Papier, und die Rolle wird nicht steif. Stattdessen sollte man zwei oder drei Zutaten ein Stück einwickeln, weitere Zutaten hinzufügen, wieder einwickeln und so weiter, bis man das Ganze zusammengeklebt hat.

ZUTATEN

180 g Tofu
100 g beliebige Reisnudeln
1 Karotte
1 Speiserübe, Rettich oder Kohlrabi
1–2 Handvoll Salat
1 Handvoll frischer Koriander
1 Handvoll frische Minzblätter
1 Handvoll dicke Lauchzwiebel
rundes Reispapier

FÜR DIE SOSSE

2 TL Rohrzucker
⅓ Tasse heißes Wasser
2 EL Sojasoße
1 EL Reisessig
1 kleine Knoblauchzehe
¼ entkernte Chilischote
einige Scheiben Karotten, Speiserübe und/oder Radieschen

1 EL Limettensaft
1 Prise weißer Pfeffer

ZUBEREITUNG

- Reisnudeln nach Packungsanweisung zubereiten und mit kaltem Wasser übergießen. Tofu abtropfen lassen und in Streifen schneiden, Karotte und Rübe in dünne Streifen schneiden, Salat, Kräuter und Lauchzwiebeln zerkleinern.
- Für die Soße Zucker in heißem Wasser auflösen. Knoblauch und Chili in dünne Scheiben schneiden und zusammen mit allen anderen Zutaten außer dem Limettensaft und dem weißen Pfeffer ins Zuckerwasser mischen und mindestens für 30 Minuten kalt stellen. Je nach Vorliebe mit Limettensaft und weißem Pfeffer abschmecken. Die Soße kann auch auf Vorrat hergestellt werden, sollte aber nicht länger als eine Woche im Kühlschrank aufbewahrt werden.
- Eine flache Schüssel mit Wasser und ein Holzbrett bereitstellen, das beim Rollen hilft, da es überschüssiges Wasser aufnimmt. Ein Reispapierblatt für drei bis fünf Sekunden in Wasser eintauchen – nach dem Herausnehmen sollte es noch etwas steif sein, denn es wird automatisch beim Belegen mit den Zutaten weich. Das Blatt auf das Brett legen, in den oberen Teil etwas Reisnudeln und Gemüse legen, die Seiten einwickeln und die Rolle ein Stück weit aufrollen. Gemüse, Salat und Lauchzwiebel dazugeben, fest zusammendrücken und weiter aufrollen. Tofu und Kräuter dazugeben und die Rolle verschließen.
- Die fertigen Rollen sofort mit der zuvor zubereiteten Soße servieren. Jede in die Soße tunken und sich beim Essen über diesen einzigartigen Geschmack freuen.

> Am wichtigsten ist, sich zu merken, wie die die Zutaten hinzugefügt und in die Rolle eingewickelt werden und das mit weichen Zutaten wie Nudeln begonnen wird, was das Aufrollen erleichtert. Die Technik ist wichtiger als die Zutaten. Das Beste an Sommerrollen ist, dass man alles hineinlegen kann: gehackten Kohl, Karotten, gebackene Rote Bete und sogar Hirse, Buchweizennudeln oder Quinoa.

ROTE-BETE-SUPPE
AUF VIETNAMESISCHE ART

Nach der Rückkehr von meiner Vietnamreise habe ich in meinem Blog ein Rezept für Bohnen auf vietnamesische Art veröffentlicht, die dort fast überall als Beilage zum Reis serviert werden. Dank der schlichten und schnellen Zubereitung wurde dieses Rezept ein Hit – jeden Tag wurde es von Zehntausenden neuer Leute gesehen, und bald tauchte es fast überall auf Instagram auf. Deshalb habe ich beschlossen, die so zubereitete Gemüsesuppe aus jungen, frischen Blättern Roter Bete, die noch besser als Bohnen schmecken, hier zu teilen.

ZUTATEN FÜR ZWEI PORTIONEN

400 g Blätter von junger Sommer-Rote-Bete oder Mangold (2 Bund)

1 EL Bratöl
2 Knoblauchzehen
1 EL Zucker
Salz

1 ¼ EL Soja- oder Tamarisoße
1 EL Reisessig

ZUM SERVIEREN

weiße oder schwarze Sesamkörner

ZUBEREITUNG

- Wird Mangold verwendet, diesen in zwei oder drei Zentimeter große Stücke schneiden. Falls junge, frische Blätter der Roten Bete genutzt werden, die Rüben säubern, in streichholzförmige Stifte schneiden und die Stiele in zwei bis drei Zentimeter große Stücke schneiden. Knoblauch hacken.
- Öl in einem Wok oder einer Pfanne erhitzen, Knoblauch hinzufügen, 15 Sekunden warten und dann den Zucker darüberstreuen. Eine Minute warten, bis der Zucker karamellisiert, und dann die härteren, blattlosen Stängelstücke hinzufügen. Eine Prise Salz hineingeben und unter Rühren zwei Minuten lang braten, bis die Stiele ihr Volumen reduziert haben.
- Nach Ablauf dieser Zeit den Rest der Blätter beziehungsweise der Roten Bete sowie eine Prise Salz hinzufügen und eine Minute braten. Sojasoße und Reisessig hineingießen und zwei bis drei Minuten braten, bis die Flüssigkeit verdampft ist. Als Beilage zu Hauptgerichten oder als Vorspeise vor vietnamesischem Abendessen servieren, schmeckt gut mit Reis oder Reisnudeln und Sesam.

> Es gelingt dir, fast alles Gemüse auf diese Weise zuzubereiten – versuche doch mal, Austernpilze, Kohl und sogar Zucchini so zu behandeln. Wenn du magst, iss einen Teil heiß und den Rest am nächsten Tag kalt. Er schmeckt genauso gut oder sogar besser.

THAILÄNDISCHER KOHLRABISALAT

Eines der ersten thailändischen Gerichte, bei denen ich den Kopf verlor, war Som Tam, ein wunderbarer grüner Papayasalat, dessen süß-säuerlicher Geschmack, kontrastiert durch eine ordentliche Dosis Chili, mich süchtig macht, seit ich ihn das erste Mal probiert habe. Som steht für „sauer", und „tam" bezeichnet die Zubereitungsmethode. Seine Einzigartigkeit besteht auch darin, dass alle Zutaten in riesigen Mörsern zerkleinert, schnell auf einen Teller gebracht und dem hungrigen Kunden unter die Nase gehalten werden. Um den Salat zu Hause zu machen, brauchst du weder Papaya noch einen riesigen Lehmmörser – nur ein Stück Kohlrabi und einen gewöhnlichen Mörser mit einem Stößel.

ZUTATEN FÜR EIN BIS ZWEI PORTIONEN

1 EL Rohrzucker
1 EL heißes Wasser

1 Limette
1 Tomate

1 kleine Knoblauchzehe
½–1 entkernte Chilischote

1–2 TL Limettensaft
½–1 TL Sojasoße

200 g Kohlrabi

4 EL geröstete Erdnüsse

ZUBEREITUNG

- Die Tomatenschale kreuzförmig einschneiden. Limette und Tomate mit kochendem Wasser überbrühen, dann schnell mit kaltem Wasser übergießen und die Tomate häuten. Dann in einem Mörser den Rohrzucker mit heißem Wasser vermischen und beiseitestellen.
- Die Limette halbieren. Aus einer Hälfte den Saft auspressen, die andere Hälfte mit Schale vierteln. Knoblauch schälen, Chili halbieren und die geschälte Tomate achteln. Den Kohlrabi mit einem Julienne-Schäler oder einem scharfen Messer in dünne Streifen schneiden und in eine große Schüssel geben.
- Jetzt beginnt das Stampfen: Knoblauch und Chili zum Zuckerwasser in den Mörser geben und alles eine Minute lang zerkleinern, bis der Knoblauch zu einer Paste wird. Dann die Limettenstücke hinzufügen und etwas zerstampfen, sodass Saft austritt.
- Die Mischung aus dem Mörser und die Tomate zu den Kohlrabistreifen geben, das Ganze einige Male mit einem Stößel stampfen, dann die Nüsse, Limettensaft und Sojasoße untermischen. Den Salat auf Tellern oder in Schüsseln anrichten. Wenn er wie in Bangkok aussehen und schmecken soll, lege ein paar Stücke rohen Kohls daneben – sie helfen, die Schärfe zu mildern, wenn du mit Chili übertreibst, und vor allem kannst du die köstliche Soße damit auswischen, damit nichts verschwendet wird.

> Som Tam ist nicht nur ein Salat, vielmehr eine ganze Salatfamilie – zu einigen von ihnen verwendet man Gurken, zu anderen fügt man Karotten hinzu, manchmal auch fein gehacktes Obst. Probiere deshalb ruhig auch Versionen mit anderen Gemüsesorten und gib im Sommer ein paar Stücke rohe Spargelbohnen dazu.

ERDNUSS-KAROTTEN-SALAT

Dieser ist mein Lieblingsgemüsesalat. Ich könnte ihn täglich in großen Mengen essen und hätte nie genug davon. Außerdem hat er einen langen Weg zurücklegen müssen, um in diesem Buch zu landen. Zum ersten Mal – ich war damals noch Teenagerin – wurde ich dazu von Hare-Krishna-Anhängern im Rahmen eines kleinen, etwas sektiererischen Fests mit vegetarischer Kost eingeladen, und das war Liebe auf den ersten Bissen. Dann stieß ich nach vielen Jahren auf einen ähnlichen Salat in Kambodscha. Eine weitere Variante davon lernte ich dank eines freundlichen Kochs aus Birma kennen. Leider unterschied sich jede Version in einigen Details von den anderen, und ich hatte fast die Hoffnung verloren, mir den Geschmack von vor Jahren wieder in Erinnerung rufen zu können. Bis mir eines Tages im letzten Jahr Dagmara diesen Salat anbot. Sie kannte ihn wiederum von ihrer Mutter. Ich weiß nicht, ob Dagmaras Mutter dieselben Hare-Krishna-Anhänger getroffen hatte oder ob sie birmanische Wurzeln hatte, aber es war ihr Rezept, das mir dabei half, folgende Rezeptur zu entwickeln. Danke, Dagmaras Mutter!

ZUTATEN FÜR VIER PORTIONEN

500 g Karotten
2 EL Reisessig
1 EL Rohrzucker
1 gest. TL Salz

2 EL Erdnüsse

5 Knoblauchzehen
Bratöl

¼ TL Koriandersamen
½ TL weißer gemahlener Pfeffer
¼ TL Chili/Cayennepfeffer

ZUBEREITUNG

- Karotten grob raspeln. Dann Essig, Salz und Zucker unterrühren und einige Minuten stehen lassen.
- In der Zwischenzeit in einer großen Bratpfanne etwas Öl stark erhitzen. Nüsse hacken, Knoblauch in Scheiben schneiden. Den Knoblauch in das heiße Öl geben und 30 Sekunden lang braten. Nach dieser Zeit die Nüsse hinzufügen und eine weitere Minute braten, bis der Knoblauch und die Nüsse stark gebräunt sind.
- Den überschüssigen Saft aus den Karotten pressen, das Öl mit dem angebratenen Knoblauch und den Nüssen sowie alle anderen Gewürze hinzufügen. Alles gründlich mischen und mit Salz oder mehr weißem Pfeffer abschmecken.

Reisessig lässt sich in diesem Rezept durch jeden beliebigen Essig und Rohrzucker durch ein anderes Süßungsmittel deiner Wahl ersetzen. Verzichte jedoch weder auf Koriandersamen noch auf weißen Pfeffer – gerade diese beiden Zutaten sind dafür verantwortlich, dass dieser süßsaure Gemüsesalat sein besonderes Aroma entwickelt.

KOREANISCHER GURKENSALAT

Wenn du planst, auf eine Party zu gehen, und viele Komplimente hören willst, nimm unbedingt diesen Salat mit. Seine Zubereitung ist nicht aufwendig, du hast also genug Zeit, dich schick zu machen, aber du brauchst dafür Gochugaru-Chilischoten, die sich durch keine andere Zutat ersetzen lassen.

ZUTATEN FÜR ZWEI BIS VIER PORTIONEN

2 EL Sojasoße
2 EL Gochugaru-Chilipulver
2 EL Sesamöl
2 TL Rohrzucker
½ TL Salz

2 lange Gurken
2 Frühlingszwiebeln
1 Handvoll weiße oder schwarze Sesamkörner

ZUBEREITUNG

- Für die Soße alle Zutaten mit Ausnahme der Gurken, Lauchzwiebeln und des Sesams in ein Schraubglas geben und gut vermischen.
- Gurken waschen und in Scheiben schneiden, Zwiebeln halbieren und in dünne halbe Scheiben schneiden und den grünen Teil der Lauchzwiebeln in zwei Zentimeter lange Stücke schneiden. Das Gemüse in eine Schüssel geben, mit der Soße vermischen, mit Sesam bestreuen und sofort servieren.

Der Salat schmeckt am besten frisch gemischt, anderenfalls können die Gurken ihre Knackigkeit und ihren zarten Geschmack verlieren. Deshalb ist es am besten, die Soße vorzubereiten, die Gurken vorher zu säubern, kurz vor dem Servieren das Gemüse zu schneiden und alles zu vermischen – das dauert weniger als eine Minute.

AUBERGINEN AUF JAPANISCHE ART

Ich werde nicht lange um den heißen Brei herumreden – die japanische Küche ist nicht besonders vegetarisch. Fast jedes Gericht besteht aus Meeresfrüchten oder Fleisch, und selbst die scheinbar pflanzlichen Gerichte enthalten in der Regel einen versteckten Zusatz von Krustentieren oder getrocknetem Fisch. Aber glücklicherweise gibt es Nasi Dengaku, das heißt Auberginen mit süßer Glasur aus Misopaste, die in japanischen Izakaya-Bars als Beilage zu Getränken oder mit Reis als größeres Gericht serviert werden.

ZUTATEN FÜR VIER PORTIONEN

500 g Auberginen
½ TL Salz
Bratöl

FÜR DIE SOSSE

1 ½ EL Misopaste
1 EL Rohrzucker
1 EL süßer Weiß- oder Rotwein

ZUM SERVIEREN

weißer oder schwarzer Sesam
gehackte dicke Lauchzwiebel

ZUBEREITUNG

- Den Ofen auf 200 °C vorheizen. Aubergine in dicke Scheiben schneiden, in jede davon ein angedeutetes Schachbrettmuster ritzen und auf ein mit Backpapier ausgelegtes Backblech legen, mit Öl bestreichen und vorsichtig salzen. Für alle Auberginen reicht ein halber Teelöffel Salz. Im Ofen auf der mittleren Schiene zehn Minuten backen.
- In dieser Zeit alle Soßenzutaten in einer Tasse zu einer dicken Soße verrühren. Die Auberginen aus dem Ofen holen, jede einzelne mit der Soße bestreichen und für weitere fünf Minuten in den Ofen schieben, sodass die Glasur leicht karamellisiert – sie ist fertig, wenn die ersten Bläschen darauf erscheinen.
- Die Auberginen herausnehmen, mit Sesam und wahlweise mit Lauchzwiebel bestreuen. Als Vorspeise oder mit Reis als Hauptgericht serviert, schmecken sie auch kalt als Mittagessen für die Arbeit.

Ursprünglich wurde für die Miso-Glasur japanischer Mirin-Wein verwendet. Wenn du ihn zur Hand hast, verwende ihn anstelle des üblichen süßen Weins und füge etwas weniger Zucker hinzu. Es ist auch gut, gleich doppelt so viel Soße zuzubereiten und sie dann im Kühlschrank aufzubewahren – sie schmeckt hervorragend zu Tofu, Zucchini, Kürbis, Süßkartoffeln oder anderem Gemüse.

SPARGEL-SCHASCHLIKS

Die Koreaner sind echte Grillmeister. Sie geben eine Menge Fleisch auf den Grill, aber sie grillen auch gerne Gemüse – Lauchzwiebeln, Lauch, Pilze und sogar Spargel. Mit Letztgenanntem gehen sie besonders interessant um, denn sie spießen den Spargel auf Stäbchen auf, indem sie an einem Ende ein kleines Loch machen, wodurch lange, elastische, köstliche Schaschliks entstehen. Zusätzlichen Charakter verleihen ihnen gegrillte Stücke von dicken Lauchzwiebeln, die zwischen den Spargel und die in einer scharfen Soße marinierten Zucchinistreifen platziert werden.

ZUTATEN FÜR SECHS BIS ACHT SCHASCHLIKS

1 Zucchini
1 Knoblauchzehe
2 EL Agavendicksaft oder anderer süßer Sirup
3 EL Sojasoße
1 EL Bratöl
½ TL Salz
¼ TL schwarzer Pfeffer

1 Bund grüner Spargel
1 Bund dicke Lauchzwiebel
Bratöl

FÜR DIE SOSSE

2 EL Sojasoße
2 EL Reisessig
2 EL Agavendicksaft oder anderer süßer Sirup
1 Handvoll gehackte dicke Lauchzwiebel

ZUM SERVIEREN

gerösteter weißer oder schwarzer Sesam

ZUBEREITUNG

- Zucchini waschen, in dicke Streifen schneiden und in eine flache, eckige Schale legen. Den Knoblauch hacken und in eine Tasse geben. Agavendicksaft, Sojasoße, Öl, Salz und schwarzen Pfeffer dazugeben. Alles vermischen und die entstandene Marinade über die Zucchini gießen. Mit Backpapier abdecken, mit einem Karton Pflanzenmilch oder einem ähnlichen Gegenstand beschweren und für mindestens eine Stunde in den Kühlschrank stellen.
- Die verhärteten Spargelenden abschneiden. Wenn die Spargelstangen sehr dick sind, leicht abschälen und dann halbieren. Die Lauchzwiebeln ebenfalls putzen und halbieren. Jedes Stäbchen in zwei Hälften brechen und ein Stück Spargel, Zucchini und etwas Lauchzwiebeln aufspießen, um Schaschliks wie auf dem Bild zu erhalten.
- Wenn das Schaschlik fertig ist, das Gemüse leicht einölen und auf den heißen Grill legen. Von jeder Seite einige Minuten grillen.
- Währenddessen alle Zutaten der Soße in einer Tasse verrühren. Die heißen Schaschliks auf Tellern anrichten, mit Sesam bestreuen und mit der Soße servieren.

Statt die Schaschliks auf einem Grill zuzubereiten, lassen sie sich auch in einer Grillpfanne braten. Es ist ratsam, eine dünne Schicht Öl auf das Gemüse aufzutragen – trockenes Gemüse in einer trockenen Pfanne schmeckt wirklich langweilig.

태양초

LAUCHSALAT MIT SESAM

Zu den beliebtesten Lauchsalaten in Polen gehört der mit Mayonnaise, Schinken oder Ananas und Mais. Lauch muss nicht wie beim traditionellen Namenstag deiner Tante schmecken, dafür brauchst du ihn nur noch nach koreanischer Art zu würzen – das heißt mit Gochugaru-Chilipulver und Sesamöl. Und schneide ihn anders als üblich, mische ihn mit Salat – und alles wird im Nu verputzt sein.

ZUTATEN FÜR ZWEI BIS VIER PORTIONEN

3 EL Sojasoße
3 EL Reisessig
1 EL Gochugaru-Chilipulver
1 EL Sesamöl
1 ½ TL Rohrzucker
1 Prise Salz

1 Stange Lauch mit dunklen Blättern

einige Blätter Eisbergsalat oder eine andere Sorte mit knackigen, festen Blättern

ZUM SERVIEREN

2 EL weiße oder schwarze Sesamkörner

ZUBEREITUNG

- Alle Zutaten außer dem Gemüse und dem Sesam in eine Tasse geben und zu einer glatten Soße vermischen.
- Lauch waschen, abtrocknen und der Länge nach in fünf bis sechs Zentimeter lange Stücke schneiden. Die Stücke anschließend mit einem scharfen Messer in zwei bis drei Millimeter dünne Streifen schneiden. Den so geschnittenen Lauch in eine Schüssel geben und mit der Soße übergießen und beiseitestellen.
- In der Zwischenzeit den Salat waschen, gründlich trocknen und in kleine Stücke reißen. Zum Lauch dazugeben, locker mischen und auf einen großen Teller geben. Zum Schluss mit Sesam bestreuen und als Beilage zu gegrillten Gerichten, Reis, Füllung für Sommerrollen (S. 87), Mapo Tofu (S. 185) oder als Vorspeise vor deinem asiatischen Lieblingsessen servieren.

> Jedes Jahr im Mai erweist sich dieser Gemüsesalat als Hit auf allen Grillfesten und Picknicks, ähnlich wie übrigens auch der koreanische Gurkensalat (S. 95).

AUSTERNPILZ-NUGGETS

Das Rezept für Austernpilz-Nuggets habe ich für eine ganz besondere Folge meiner TV-Show kreiert, in der ich die Jungs aus meinem geliebten Warschauer Lokal Vegan Bistro zu Gast hatte. Zuerst wurden die Nuggets von den Kameramännern gegessen, dann schob ich mir unbemerkt ein paar Stücke allein hinein, und schließlich schlangen die Jungs die Nuggets vor den Kameras hinunter und bestätigten, dass sie wirklich konkurrenzfähig sind.

ZUTATEN FÜR ZWEI BIS VIER PORTIONEN

½ Tasse Kichererbsenmehl
½ Tasse Wasser
1–2 Prisen Salz und schwarzer Pfeffer

2 EL Paniermehl
4 EL Hefeflocken
¼ TL Paprika edelsüß
¼ TL Paprika rosenscharf
⅛ TL Ingwerpulver
⅛ TL gemahlener Koriander
1 Prise Salz

250 g Austernpilze
Bratöl

ZUM SERVIEREN

Mayonnaise mit gebackenem Knoblauch (S. 258)

ZUBEREITUNG

- Kichererbsenmehl, Wasser, Salz und Pfeffer in einem tiefen Teller vermengen.
- Alle trockenen Zutaten in einem zweiten tiefen Teller mischen.
- Die Austernpilze der Länge nach in gleich große Stücke schneiden und Öl in einer Pfanne erhitzen. Jedes Stück zuerst in die Kichererbsenmasse tunken, dann in Paniermehl mit Gewürzen wälzen und im heißen Öl beidseitig braten. Die fertigen Nuggets auf ein Küchentuch legen. Mit Mayonnaise und Ketchup servieren. Achtung: Sie machen süchtig!

> Für dieses Rezept brauchst du wieder das magische Kichererbsenmehl, das den Pilzen Knusprigkeit verleiht und an ihnen haftet. Außerdem sind die Nuggets so sättigender und enthalten mehr Protein.

ELOTE-SPARGEL

Elote bedeutet auf Spanisch einfach Maiskolben. In Mexiko verbergen sich hinter diesem Namen am häufigsten in Straßenbuden gegrillte Maiskolben, die mit Sahne, Mayonnaise, Cayennepfeffer, Limette und reichlich Koriander serviert werden. Noch besser schmeckt zu diesen Zutaten knackiger grüner Spargel.

ZUTATEN FÜR ZWEI BIS VIER PORTIONEN

1 Bund grüner Spargel
1 EL Bratöl

4 EL vegane Mayonnaise (S. 258)
4 EL zerbröselte Mandelblättchen
⅓ TL geräucherter Paprika
¼ TL Chili/Cayennepfeffer
Saft einer halben Limette
1 Handvoll frischer Koriander
Salz

ZUBEREITUNG

- Falls erforderlich, das harte Ende des Spargels abschneiden, den Spargel leicht einölen und kurz in der Pfanne oder auf dem Grill grillen. Der Spargel sollte nicht länger als drei bis vier Minuten gegrillt werden, damit er knackig, knusprig und hellgrün bleibt.
- Den heißen Spargel auf eine große Platte legen, salzen, mit Mayonnaise bestreichen, mit Mandelblättchen bestreuen, mit Limette beträufeln, mit geräuchertem Paprika und Cayennepfeffer und schließlich mit frischem Koriander bestreuen. Sofort essen – im Handumdrehen sind sie verspeist.

Wenn du keine Grillpfanne hast, kannst du den Spargel auch kurz in einer normalen Bratpfanne anbraten oder im Ofen backen.

SAUBOHNENPASTE BOBOMOLE

Wie, glaube ich, alle Polen esse auch ich im Sommer andauernd Saubohnen. Ich reibe sie oft mit Minze und Dill bzw. mit Schnittlauch und Sojasoße ein oder bereite sie wie Guacamole zu – mit Koriander, Chili und Limette. Eines Tages, als ich die Saubohnen auf diese Art zubereitet hatte, steckte ein guter Freund von mir seinen Finger in die Schüssel, leckte daran und sagte: „Oh, Bobomole!" Und so ist es dann bei diesem Namen geblieben.

ZUTATEN FÜR VIER BIS SECHS PORTIONEN

400 g frische oder tiefgekühlte Saubohnen

1 Tomate
½ rote Zwiebel
½ entkernte Chilischote
½ Bund Koriander
1 EL frische Minzblätter

gepresster Saft von 1–2 Limetten
3–4 EL Extra-Vergine-Olivenöl
Salz und schwarzer Pfeffer

ZUBEREITUNG

- Einen großen Topf gesalzenes Wasser zum Kochen bringen. Saubohnen ins Wasser geben und je nach Reifegrad 10–20 Minuten weich kochen. Zum Schluss abgießen und stehen lassen, bis sie abgekühlt sind.
- Tomaten, Zwiebeln, Chili und Kräuter so fein wie möglich hacken und beiseitelegen. Anschließend die Saubohnen schälen, in eine Schüssel legen und mit einer Gabel grob zerkleinern. Alle gehackten Zutaten, Limettensaft, Öl und eine große Prise Salz und Pfeffer hinzufügen. Alles zerkleinern, bis eine gleichmäßig gemischte Paste entsteht. Mit Nachos, Tortillastücken oder längs geschnittenen Gemüsestücken servieren.

Die auf diese Weise hergestellte Bobomole hat gegenüber dem Avocado-Original den Vorteil, dass sie nicht schwarz wird und immer appetitlich aussieht. Bedenke jedoch, dass Saubohnen einen recht ausgeprägten, nussigen Geschmack haben. Deshalb sollte man die Paste wirklich großzügig mit Salz, Chili und Limette würzen.

BROKKOLISTRUNK-SALAT

-MEXIKANISCH-

Wenn es darum geht, kein Essen zu verschwenden, bin ich wirklich hartnäckig. Ich schreibe ständig in meinem Blog darüber, ich wiederhole es wieder und wieder in meiner TV-Show und öfters in diesem Buch. Ich habe im Blog bereits erwähnt, wozu sich der Grünteil von Gemüse nutzen lässt und wie man Blumenkohl oder Kohlblätter verwendet, und jetzt füge ich noch ein Rezept für einen Brokkolistrunk-Salat hinzu, der so gut ist, dass ich oft Brokkoli kaufe, nur um an die Strünke zu gelangen und sie zu diesem Salat zu verarbeiten. Arriba, arriba!

ZUTATEN FÜR ZWEI BIS VIER PORTIONEN

1	Maiskolben
2 Strünke	Brokkoli
½ Bund	Koriander
½	rote Zwiebel
½	entkernte Chilischote
1–2 EL	Limettensaft
1 EL	Extra-Vergine-Olivenöl
	Salz

ZUM SERVIEREN

vegane Mayonnaise (S. 258)
geröstete Kürbiskerne

ZUBEREITUNG

- Den Ofen auf 200 °C vorheizen oder eine Grillpfanne verwenden. Den Maiskolben mit Backpapier umwickeln und in eine Pfanne geben oder für zehn Minuten in den Ofen schieben und von Zeit zu Zeit wenden. Den Kolben auswickeln und weitere fünf Minuten grillen, damit die Körner goldbraun werden.
- In der Zwischenzeit die Brokkolistrünke raspeln und Koriander, Zwiebel und Chili hacken.
- Kaltes Wasser über den gegrillten Mais gießen, damit dieser vollständig abkühlt. Dann den Kolben auf den Boden einer großen Schüssel stellen und die Körner mit einem scharfen Messer abschneiden. Dank der Schüssel fliegen die Körner nicht durch die ganze Küche. Alle anderen Zutaten zu den Körnern hinzufügen, gründlich mischen und auf eine Platte oder einen großen Teller geben.
- Mayonnaise auf den Salat geben. Mit Kürbiskernen bestreuen und als Beilage zum Hauptgericht oder als leichtes Mittagessen servieren.

> Du fragst dich sicher, ob du statt eines Kolbens auch Mais aus der Dose verwenden kannst. Es ist empfehlenswert, dies nur zu tun, wenn es wirklich nicht anders geht. Dann aber solltest du eine große Prise geräuchertes Paprikapulver zum Salat hinzufügen.

UKRAINISCHER BORSCHTSCH
JÜDISCHE KOHLSUPPE
POLNISCHE SAUERTEIGSUPPE
REVOLUTIONÄRE BRÜHE
BLUMENKOHL-KALTSUPPE
RIBOLLITA MIT GRÜNKOHL
SPANISCHE KICHERERBSENSUPPE
SAUBOHNEN-CREMESUPPE
TÜRKISCHE LINSENSUPPE
PETERSILIEN-CREMESUPPE MIT TAHINI
GRIECHISCHE KICHERERBSENSUPPE
TEE-TOMATENSUPPE
LAKSA MIT BOHNEN
TOM KHA
PHO
KIMCHI-SUPPE
SÜSSKARTOFFEL-CREMESUPPE
KALTE AVOCADOSUPPE
MEXIKANISCHE MAISSUPPE

SUPPEN

UKRAINISCHER BORSCHTSCH

Bei mir zu Hause gab es sehr oft ukrainischen Borschtsch. Keine Ahnung, ob es daran lag, dass es im Garten zu viele rote Rüben gab oder dass meine Großmutter Lemberger Wurzeln hatte. Leider mochte ich diese Suppe nie besonders – alles änderte sich, als ich in die Ukraine fuhr und dort echten ukrainischen Borschtsch probierte. Omi, entschuldige, aber dieser ist wirklich um Welten besser.

ZUTATEN FÜR FÜNF BIS SECHS PORTIONEN

1 Zwiebel
1 Knoblauchzehe
1 Karotte
4 Knollen Rote Bete
2 Lorbeerblätter
4 Pimentkörner
4 schwarze Pfefferkörner
Bratöl

2 EL Tomatenmark

2 Kartoffeln
1 Dose weiße Bohnen (¾ Tasse trockene Bohnen, eingeweicht und gekocht)
2 L Brühe

ZUM SERVIEREN

2–3 EL Zitronensaft
Salz und Pfeffer
Petersilie

ZUBEREITUNG

- Zwiebel würfeln, Knoblauch in Scheiben schneiden, Karotten und Rüben in Stifte schneiden. In einem großen Topf Öl erhitzen und das gehackte Gemüse mit allen Gewürzen hineingeben. Zehn bis zwölf Minuten braten.
- Wenn das Gemüse gar ist, Tomatenmark hinzufügen und drei bis fünf Minuten unter ständigem Rühren braten, um es leicht zu karamellisieren. Dann Kartoffeln schälen und zerkleinern, Kartoffeln, Bohnen und Brühe mit in den Topf geben und alles zugedeckt 15–20 Minuten lang kochen lassen, bis die Rüben und Kartoffeln weich sind.
- Zum Schluss ausgiebig mit schwarzem Pfeffer und Salz würzen, Zitronensaft dazugeben und umrühren. Mit Petersilie servieren.

Jedes Haus in der Ukraine serviert einen ganz anderen Borschtsch, und vieles hängt von der Jahreszeit ab. Im Winter gibt man beispielsweise Kohl, im Frühjahr die Blätter von junger Roter Bete und im Sommer Spargelbohnen hinein. Man kann sich ein Beispiel daran nehmen und dem Borschtsch auch verschiedene im Kühlschrank gefundene Gemüsereste beifügen. Und wenn du gerne die Einflüsse verschiedener Küchen kombinierst, probiere den guten Borschtsch mit Chimichurri zu servieren (S. 149) – Nachschlag garantiert!

JÜDISCHE KOHLSUPPE

Eines der Lieblingsrezepte der Leser meines letzten Buchs, weswegen ich immer wieder angeschrieben werde, ist Kohl auf indische Art. Darum habe ich beschlossen, die Kohlsuppe in einer neuen Variante zu präsentieren.

ZUTATEN FÜR VIER BIS SECHS PORTIONEN

1 Zwiebel
2 Knoblauchzehen
⅓ Tasse Rosinen
1 EL Kümmelsamen
4 Körner schwarzer Pfeffer
2 Nelken
2 Pimentkörner
2 Lorbeerblätter
Bratöl

700 g Weißkohl
½ Tasse trockene Perlgerste
½ TL Salz

1 Dose gehackte Tomaten
1 TL getrockneter Majoran
1 TL Zitronensaft
½ TL Zimt
1 ½–2 L Gemüsebrühe
Salz und schwarzer Pfeffer

ZUBEREITUNG

- Zwiebel grob würfeln, Knoblauch in Scheiben schneiden. Öl in einem Topf erhitzen, die Zwiebel und den Knoblauch zusammen mit Rosinen und den restlichen Gewürzen hinzufügen. Bei schwacher Hitze drei bis sechs Minuten braten, bis die Zwiebel goldbraun wird und an den Rändern angebraten ist.
- Perlgerste zweimal in einem Sieb auswaschen. Den Kohl einschließlich Strunk hacken und zusammen mit der Gerste zu der angebratenen Zwiebel geben. Salzen, die Hitze erhöhen und fünf bis acht Minuten braten, ab und zu umrühren.
- Wenn der Kohl weich ist, die restlichen Zutaten hinzufügen, gründlich mischen und zugedeckt für 18–25 Minuten garen. Zum Schluss mit Salz und schwarzem Pfeffer abschmecken. Mit jedem Tag schmeckt die Suppe besser und wird immer dickflüssiger.

Vielleicht würdest du am liebsten auf die Rosinen verzichten, aber mach das nicht. Die aschkenasischen Juden wussten wirklich, was sie taten, als sie begannen, dieses Trockenobst mit Gemüseeintöpfen zu kombinieren. Sie verleihen dem Ganzen einen süßen, tiefen Geschmack, und selbst Rosinengegner werden nichts einzuwenden haben.

POLNISCHE SAUERTEIGSUPPE
»ŻUREK« MIT SELLERIE

Aus irgendeinem Grund denken viele, dass Roggensauerteig, der Hauptbestandteil der polnischen Ostersuppe „Żurek", nur an Ostern nützlich sein könnte. Dabei schmeckt er nicht nur zu feierlichen Anlässen, sondern auch in vielen Gemüsesuppen und vor allem in Cremesuppen hervorragend. Er macht sie nicht nur schärfer, sondern verleiht ihnen Charakter und einen wunderbaren, kontrastreichen Geschmack.

ZUTATEN FÜR VIER PORTIONEN

650 g Sellerieknolle
1 Apfel
2 Lorbeerblätter
2 Pimentkörner
1 TL getrockneter Majoran
½ TL getrocknete Petersilie
½ TL getrockneter Liebstöckel
Bratöl

1 Kartoffel
3 Tassen Brühe

1 Tasse „Żurek" (polnische Sauerteigsuppe)
1 Knoblauchzehe
2–3 TL frisch geriebener Meerrettich
Salz und schwarzer Pfeffer

ZUM SERVIEREN

Lein- oder Rapsöl
Croûtons aus altbackenem Brot
frisch gemahlener schwarzer Pfeffer

ZUBEREITUNG

- Sellerie schälen und in kleine Würfel schneiden, den Apfel ungeschält lassen und vierteln.
- In einem großen Topf Öl erhitzen, den mit Apfel und Gewürzen vermischten Sellerie hineingeben und acht bis zehn Minuten braten, dabei ab und zu umrühren.
- Die Kartoffel schälen, in dicke Würfel schneiden und mit in den Topf geben. Zwei bis drei Minuten lang braten, dann mit Brühe ablöschen und für 20–25 Minuten schmoren lassen, bis der Sellerie anfängt, auseinanderzufallen.
- Zum Schluss die Sauerteigmischung, frisch geriebenen Meerrettich und Knoblauch hinzufügen und alles zu einer glatten Creme verrühren. Mit Salz und Pfeffer abschmecken, mit gutem nativen Öl, Croûtons und schwarzem Pfeffer servieren.

Man kann die Sauerteigmischung im Laden kaufen oder sie selbst zubereiten. Dafür einfach eine halbe Tasse Mehl und einen halben Liter lauwarmes Wasser in einem großen Einmachglas mischen und eine Knoblauchzehe hinzufügen. Beiseitestellen und alle zwei Tage umrühren – und nach etwa einer Woche ist die Sauerteigmischung fertig, das heißt, sie wird trüb und sauer, und es entsteht Schaum. Auf diese Weise lässt sich aus jedem Mehl, aus Roggen-, Hafer-, Buchweizen- und sogar Hirsemehl, Sauerteig machen.

REVOLUTIONÄRE BRÜHE

„Wie? Brühe ohne Huhn?“ Ein Fond bildet eine milde Grundlage für viele Suppen, während eine Brühe eine sättigende, eigenständige Suppe mit einem tiefen Aroma ist. Es stimmt, dass in Wasser gekochtes Gemüse nicht einfach zu einer Brühe wird. Doch gebratenes Gemüse, das nach folgendem Rezept zubereitet wird, mag die Grundlage einer der besten Brühen werden, die du je gegessen hast – ob mit oder ohne Huhn.

ZUTATEN FÜR VIER BIS SECHS PORTIONEN

2	Zwiebeln
1	große Karotte
1 Stange	Stangensellerie
½ Stange	Lauch mit Grün
1	Sellerieknolle
1	Anisstern
1	Nelke
4	Pfefferkörner
4	Lorbeerblätter
2	Pimentkörner
4 EL	Bratöl
3 EL	Wodka oder Whiskey
1 Dose	weiße Bohnen (¾ Tasse trockene Bohnen, eingeweicht und gekocht)
1 TL	Tomatenkonzentrat
2–4 EL	Sojasoße
10 g	getrocknete Steinpilze
1 Handvoll	frischer Liebstöckel
1 Handvoll	Petersilie
	Lauchgrün (optional)
2 L	Wasser
	Salz und schwarzer Pfeffer

ZUBEREITUNG

- Zwiebeln schälen und über der Flamme des Gasherds oder in einer Pfanne unter häufigem Wenden bräunen. Währenddessen das restliche Gemüse putzen und ungeschält in kleinere Stücke schneiden. Die gebräunten Zwiebeln von der überschüssigen Haut befreien und in Scheiben schneiden.
- In einem großen Topf Öl erhitzen und das geschnittene Gemüse samt Anis, Nelke, Pfeffer, Lorbeerblättern und Pimentkörnern hineingeben. Bei großer Hitze für acht bis zehn Minuten braten, dabei nur wenig beziehungsweise fast gar nicht umrühren.
- Wenn das Gemüse goldbraun wird, den Alkohol hinzufügen und ausgiebig am Boden des Topfes rühren, bis die Flüssigkeit verdampft ist. Dann die restlichen Zutaten hinzugeben, den Topf zudecken und die Brühe bei kleinster Hitze mindestens eine Stunde, vorzugsweise zwei bis drei Stunden, kochen.
- Zum Schluss die Brühe abgießen und auffangen und das Gemüse gründlich auspressen (alternativ mixen). Die fertige Suppe mit Salz und Pfeffer abschmecken und pur oder mit Nudeln und Petersilie servieren.

Diese Brühe hat zwei Geheimnisse. Die erste ist das Deglassieren, das heißt das Ablösen der angerösteten Gemüsereste vom Boden des Topfes mit Alkohol, die zweite das Füllen mit Umami, das heißt mit Sellerieknolle, Tomatenkonzentrat, Sojasoße, Trockenpilzen und Liebstöckel. Deshalb ist es so wichtig, keine dieser Zutaten wegzulassen, geschweige denn auf die Anissterne zu verzichten. Heston Blumentahl, ein großer Koch und Molekularküchenforscher, führte vor einigen Jahren eine Studie durch, die bewies, dass Anis geringe Mengen von Umami aus dem Gemüse der Familie der Lauchgewächse, das heißt aus Zwiebeln, Lauch und Knoblauch, freisetzt. Die Dosenbohnen lassen sich durch über Nacht eingeweichte trockene Bohnen ersetzen und anstelle von frischem Liebstöckel getrockneter verwenden.

BLUMENKOHL-KALTSUPPE

In Polen kennt man die traditionelle kalte Suppe mit zugesetzten jungen Blättern von Roter Bete. Es lohnt sich jedoch, mit kalten Suppen zu experimentieren und sie mit Gemüse zuzubereiten, das roh einfach außergewöhnlich gut schmeckt – so wie Blumenkohl, den ich in diesem Rezept mit knusprigem Kohlrabi, Petersilie, Dill und etwas Minze kombiniere.

ZUTATEN FÜR VIER BIS SECHS PORTIONEN

1 Zwiebel
2 Knoblauchzehen
1 TL Salz
Bratöl

1 ½ L Brühe
400 g Blumenkohl
200 g Kohlrabi
½ Bund Dill
½ Bund Petersilie
einige Minzstängel

1 Dose Kokosmilch
¼–⅓ Tasse Zitronensaft

ZUM SERVIEREN

natives Öl deiner Wahl
schwarzer Pfeffer

ZUBEREITUNG

- Zwiebel würfeln, Knoblauch hacken. Öl in einem Topf erhitzen, klein geschnittenes, gesalzenes Gemüse dazugeben und drei bis vier Minuten schmoren lassen, bis die Zwiebeln leicht goldbraun sind. Dann mit Brühe aufgießen, zudecken, fünf Minuten kochen lassen und dann abkühlen lassen.
- Blumenkohl sowie Kohlrabi grob raspeln, alle Kräuter fein hacken.
- Zur abgekühlten Brühe Kokosmilch und Zitronensaft dazugeben, gründlich umrühren und dann geraspeltes Gemüse und Kräuter hinzufügen. Abschmecken und mit etwas gutem Öl und frisch gemahlenem schwarzem Pfeffer servieren.

> Kokosmilch verdickt angenehm die kalte Suppe, aber wenn du keine zur Hand hast, probiere ruhig auch eine andere Pflanzenmilch.

RIBOLLITA MIT GRÜNKOHL

Ribollita ist eine toskanische Bohnensuppe, deren Name wörtlich „aufgewärmt" oder „erneut gekocht" bedeutet. Dafür werden verschiedene Arten von Kohl, Wurzelgemüse, Tomaten und Bohnen verwendet. Schmeckt am besten am Tag darauf. Es ist empfehlenswert, gleich einen großen Topf voll zu kochen und ihn über mehrere Tage leer zu essen.

ZUTATEN FÜR SECHS PORTIONEN

1 Zwiebel
2 Karotten
3 Stangen Stangensellerie
Wirsing oder Weißkohl
1 großer Rosmarinzweig
2 Knoblauchzehen
Olivenöl

300 g Grünkohl

1 Dose gehackte Tomaten
Salz und schwarzer Pfeffer

2 Dosen weiße Bohnen (1 ½ Tassen trockene Bohnen, eingeweicht und gekocht)
3 Tassen Brühe

ZUM SERVIEREN

Extra-Vergine-Olivenöl
frisch gemahlener Pfeffer

ZUBEREITUNG

- Zwiebel hacken, Sellerie und Karotten würfeln, Kohl in dünne Streifen schneiden und Knoblauch schälen. In einem großen Topf Olivenöl erhitzen, Knoblauch und Rosmarin hinzufügen, eine Minute braten, dann das gehackte Gemüse dazugeben und fünf bis acht Minuten unter ständigem Rühren braten.
- Währenddessen die Blätter des Grünkohls in gleichmäßige Stücke teilen und die Stiele hacken. Mit in den Topf geben, gut umrühren, eine Dose Tomaten hineingeben, mit Salz und Pfeffer würzen. Fünf Minuten lang schmoren lassen.
- Eine Dose Bohnen abgießen und zusammen mit zweieinhalb Tassen Brühe zum Gemüse geben und den Topf zudecken. Die zweite Dose Bohnen ebenfalls abgießen, mit einer halben Tasse Brühe pürieren, in den Topf geben und alles 15–20 Minuten kochen lassen.
- Die fertige Suppe mit Salz abschmecken, mit gutem Olivenöl und schwarzem Pfeffer servieren. Sie schmeckt von Tag zu Tag besser.

Normalerweise wird Ribollita mit altem Brot eingedickt, aber ich ziehe es vor, sie mit gemischten Bohnen anzudicken und das Brot separat dazu zu servieren. Natürlich kannst du es anders handhaben und ruhig ein paar Scheiben in den Topf geben und sie verkochen lassen.

SPANISCHE KICHERERBSENSUPPE

Wenn mein Freund früher nach Hause kommt und sehr hungrig ist, mache ich ihm gern diese Suppe – dank des geräucherten Paprikas und der Chiliflocken ist sie sehr geschmacksintensiv, und dank der Kichererbsen kann man davon wirklich satt werden. Außerdem muss ich mir dann keine Gedanken mehr über das Mittagessen für den nächsten Tag machen.

ZUTATEN FÜR DREI BIS VIER PORTIONEN

1 rote Zwiebel
2 Stangen Stangensellerie
2 rote Paprika
Olivenöl

1 TL geräuchertes Paprikapulver
½ TL Chiliflocken
1 Prise Safran

2 Dosen Kichererbsen (1 ½ Tassen trockene Kichererbsen, eingeweicht und gekocht)

1 Dose gehackte Tomaten
1 L Brühe
Salz und schwarzer Pfeffer

ZUM SERVIEREN

Extra-Vergine-Olivenöl
Petersilie
Zitronensaft

ZUBEREITUNG

- Zwiebel, Sellerie und Paprika würfeln. Olivenöl in einem Topf erhitzen, klein geschnittenes, gesalzenes Gemüse dazugeben und vier bis sechs Minuten schmoren lassen, bis es leicht goldbraun ist.
- Paprikapulver, Chiliflocken und Safran dazugeben, gründlich unterrühren und 15–30 Sekunden braten, dann die abgetropften Kichererbsen hinzufügen. Unter ständigem Rühren eine Minute lang braten, dann Tomaten, Brühe, Salz und schwarzen Pfeffer hinzufügen. Bei schwacher Hitze zugedeckt acht bis zehn Minuten köcheln lassen.
- Die Suppe mit Petersilie bestreuen und mit Zitronensaft und gutem Olivenöl beträufeln.

Denk daran, den Kichererbsensud zu behalten – daraus lassen sich noch Mayonnaise (S. 258) oder ein Schokoladendessert (S. 215) herstellen!

SAUBOHNEN-CREMESUPPE
-SIZILIANISCH-

Sizilien ist ein wahres Paradies für Vegetarier und Veganer. Die Sizilianer wissen alles über Auberginen; sie wissen, wie man Sellerie so zubereitet, dass er selbst seinen größten Feinden schmeckt; und vor allem verwenden sie viele Kichererbsen, Erbsen und Saubohnen. Insbesondere Letztere sind dort äußerst beliebt und landen zusammen mit wildem Fenchel oft in Suppen, Eintöpfen und Nudelsoßen.

ZUTATEN FÜR ZWEI BIS VIER PORTIONEN

½ Fenchel
1 Kartoffel
1 Knoblauchzehe
Olivenöl

450 g frische oder tiefgekühlte Saubohnen
1 L Brühe
Salz und schwarzer Pfeffer

ZUM SERVIEREN

½ Fenchel
¼ rote Zwiebel
10 schwarze, entkernte Oliven

1 EL Orangensaft
2 EL Extra-Vergine-Olivenöl
Salz und schwarzer Pfeffer

ZUBEREITUNG

- Einen halben Fenchel in Scheiben schneiden, Kartoffel schälen und würfeln, Knoblauch in Scheiben schneiden. Olivenöl in einem Topf erhitzen, das vorbereitete Gemüse dazugeben und zwei bis drei Minuten lang anbraten. Danach Saubohnen dazugeben, gut umrühren, Brühe dazugeben und alles zugedeckt 20–25 Minuten kochen lassen.
- Wenn die Zutaten der Suppe weich sind, das Ganze zu einer glatten Creme pürieren, gegebenenfalls etwas Wasser hinzufügen. Mit Salz und Pfeffer abschmecken.
- Zum Schluss die andere Hälfte des Fenchels zusammen mit der Zwiebel in dünne Scheiben und die Oliven in Stücke schneiden. Mit Olivenöl, Orangensaft, Salz und Pfeffer mischen und dieses Topping mit einem Löffel auf jede Portion der Suppe geben.

> Hast du Lust auf die wirklich sehr sättigende Originalversion dieser Suppe? Serviere sie wie auf Sizilien, das heißt mit dicken Nudeln, zum Beispiel Casarecce, Garganelli oder einfach Rigatoni. Ein Hauptgericht wirst du dann bestimmt nicht mehr brauchen.

TÜRKISCHE LINSENSUPPE

Es gibt Gerichte, die man von Reisen mitbringt, einmal isst und die dann jahrelang wiederkehren, in Träumen vorkommen, uns nicht in Ruhe lassen – bis wir sie wieder zubereiten. Denn jede Erinnerung daran lässt das Wasser im Mund zusammenlaufen. Eines dieser Gerichte ist die türkische Linsensuppe »Mercimek Çorbası«, eine der besten Linsensuppen weltweit. Sie ist cremig dank der Zugabe von Gemüse, nahrhaft dank der großen Menge an Linsen, wunderbar säuerlich dank der richtigen Menge an Zitronensaft und einzigartig lecker dank ein wenig getrockneter Minze.

ZUTATEN FÜR VIER BIS SECHS PORTIONEN

1 Zwiebel
1 Karotte
1 Kartoffel
Bratöl

350 g getrocknete rote Linsen
1 Knoblauchzehe
1 TL getrocknete Minze
1 TL scharfer Paprika
1 TL Gemüsepaprika

1 Dose gehackte Tomaten
1 ½ L Brühe oder Wasser
Salz

2–4 EL Zitronensaft
Salz und schwarzer Pfeffer

ZUM SERVIEREN

Extra-Vergine-Olivenöl
scharfer Paprika
geviertelte Zitronen (optional)

ZUBEREITUNG

- Zwiebel halbieren und in Scheiben, Karotte und Kartoffel in Würfel schneiden. Öl in einer Pfanne erhitzen, das klein geschnittene Gemüse hineingeben und zwei bis drei Minuten braten. Linsen, Knoblauch und Gewürze hinzugeben und alles gründlich umrühren, für weitere zwei bis drei Minuten braten.
- Dann Tomaten, Brühe und eine Prise Salz hinzufügen und bei schwacher Hitze zugedeckt 20–25 Minuten lang kochen lassen. Wenn das Gemüse und die Linsen weich sind, Zitronensaft hinzufügen und das Ganze zu einer glatten Creme mixen. Probieren und gegebenenfalls mehr Zitrone, Salz und Pfeffer beigeben. Mit Olivenöl, scharfem Paprika und, wenn du magst, einem zusätzlichen Viertel Zitrone servieren.

Auf keinen Fall solltest du die getrocknete Minze durch frische Minze ersetzen – getrocknete Minze hat ein tieferes, trockeneres und völlig anderes Aroma. Du bekommst in jedem Geschäft getrocknete Minze in Form von Pfefferminztee – schneide einfach den Beutel auf!

PETERSILIEN-CREMESUPPE
MIT TAHINI

Wenn du ab und zu Hummus zubereitest, weißt du mit Sicherheit, wo man Tahini kaufen kann, oder du hast es sogar in der Speisekammer. Falls bei dir außerdem Petersilienwurzel im Kühlschrank liegt, gelingt dir mit diesen Zutaten schnell eine dicke, süße und samtige Cremesuppe.

ZUTATEN FÜR VIER BIS SECHS PORTIONEN

3 große Petersilienwurzeln
1 Zwiebel
Bratöl
1 Kartoffel

1 ½ TL gemahlener Kreuzkümmel
½ TL gemahlener Koriander
¼ TL Zimt
¼ TL Chili/Cayennepfeffer

¾–1 L Brühe

3 EL Tahini
2 EL Zitronensaft
Salz und schwarzer Pfeffer

ZUM SERVIEREN

1 EL Tahini
geröstete Kreuzkümmelsamen

ZUBEREITUNG

- Petersilienwurzel schälen und in grobe Scheiben schneiden, Zwiebel halbieren und ebenfalls in Scheiben schneiden. Öl in einem Topf erhitzen, Petersilienwurzel und Zwiebel dazugeben und acht bis zehn Minuten bei schwacher Hitze braten.
- Währenddessen die Kartoffel schälen und würfeln. Zum Gemüse geben, umrühren, dann die Gewürze dazugeben und ein bis zwei Minuten braten. Einen halben Liter Brühe dazugießen und zugedeckt für 20 Minuten kochen lassen.
- Wenn das Gemüse weich genug ist, alles pürieren und nach und nach die restliche Brühe dazugießen. Sobald die Suppe die richtige Konsistenz erreicht hat, Tahini, Zitronensaft, Salz und schwarzen Pfeffer hinzufügen. Mit einem Klecks Tahini und in einer trockenen Pfanne gerösteten Kreuzkümmelsamen servieren.

> Wenn du die Petersilienwurzel in einer kleinen Menge Brühe kochst und nach und nach mehr Brühe hinzufügst, wird die Suppe besonders samtig. Vergewissere dich, dass die Wurzel, nachdem du die erste Portion Brühe hineingegossen hast, vollständig bedeckt ist – wenn sie über die Brühe hinausragt, gieße etwas mehr dazu.

GRIECHISCHE KICHERERBSENSUPPE
MIT ZITRONE

»Revithia«, so wird diese Suppe genannt, ist ein typisches griechisches Gericht armer Leute. Um sie zuzubereiten, reichen Kichererbsen und Zwiebeln aus, die mit einem Lorbeerblatt, Oregano, getrockneter Minze, Rosmarin und Zitrone gewürzt werden. Es lebe die Schlichtheit in der Küche!

ZUTATEN FÜR ZWEI BIS VIER PORTIONEN

1 Zwiebel
1 Stange Staudensellerie
2 Knoblauchzehen
2 Lorbeerblätter
1 TL getrockneter Oregano
½ TL getrocknete Minze
1 Rosmarinzweig
geriebene Schale von 1 Zitrone
Olivenöl

2 Dosen Kichererbsen (1 ½ Tassen trockene Kichererbsen, eingeweicht und gekocht)

1 L Brühe
Salz und schwarzer Pfeffer

ZUM SERVIEREN

3 EL Extra-Vergine-Olivenöl
2 EL Zitronensaft
Salz und schwarzer Pfeffer

ZUBEREITUNG

- Zwiebel und Sellerie würfeln, Knoblauch schälen und hacken. Olivenöl in einem Topf erhitzen, das Gemüse samt Gewürzen dazugeben und drei bis vier Minuten schmoren lassen, bis die Zwiebel goldbraun ist.
- Die abgegossenen Kichererbsen hinzufügen und weitere zwei bis drei Minuten braten. Danach die Brühe, eine Prise Salz und Pfeffer hinzufügen und zugedeckt zehn bis zwölf Minuten kochen lassen.
- Währenddessen das Olivenöl mit Zitronensaft, Salz und Pfeffer in einer kleinen Tasse mischen. Von der fertigen Suppe eine Tasse abnehmen, in einem Mixer pürieren und wieder zurück in den Topf geben. Mit Zitronen-Olivenöl servieren.

Wenn du es eilig hast, verzichte ruhig auf das separate Mixen und püriere einen Teil der Suppe direkt im Topf, aber wenn du einen Moment Zeit hast, ist es das wirklich wert – es macht die Suppe dickflüssiger und verleiht ihr die Konsistenz eines Eintopfs.

TEE-TOMATENSUPPE

Ich liebe guten Tee. Ich schlürfe ihn gerne aus einer Tasse und verwende ihn auch manchmal zum Kochen. Am häufigsten habe ich bisher in der Küche den chinesischen Lapsang-Souchong-Tee verwendet, der aufgrund seines geräucherten Aromas den Geschmack von Tomatensoßen, Suppen und BBQ-Soßen hervorragend zur Geltung bringt. Eines Tages versprach ich meiner Freundin, ihr eine Tomatensuppe mit eben diesem Tee zu kochen, aber ärgerlicherweise stellte sich heraus, dass meine Lapsang-Vorräte ausgegangen waren. Ich musste mir schnell etwas einfallen lassen, und da habe ich zum ersten Mal diese Version der Suppe gekocht, die ich seitdem fast die ganze Tomatensaison über mache. Ich habe gehört, dass meine Freundin sie noch öfter zubereitet.

ZUTATEN FÜR VIER PORTIONEN

2 kg Tomaten

1 große Zwiebel
1 große Karotte
Bratöl

1 TL geräucherter Paprika
½ TL Chiliflocken

1 TL Salz
1 TL Rohrzucker

1 Tasse Brühe
Salz und schwarzer Pfeffer

½ Tasse gekochter, sehr starker schwarzer Tee

ZUM SERVIEREN

Extra-Vergine-Olivenöl
1 Prise geräucherter Paprika

ZUBEREITUNG

- Einen Liter Wasser in einem großen Topf zum Kochen bringen, eine Schüssel mit kaltem Wasser und eine große saubere Schüssel danebenstellen. Schalen der Tomaten einschneiden, einige davon in das kochende Wasser geben und dann in eine Schüssel mit kaltem Wasser geben, die Haut entfernen, den Strunk entfernen, die Tomaten vierteln und in eine Schüssel geben.
- Wenn alle Tomaten geschält sind, die Zwiebel halbieren und zusammen mit der Karotte in Scheiben schneiden. In einem großen Topf Öl erhitzen, Zwiebel und Karotte hinzufügen und drei bis vier Minuten braten. Dann geräucherten Paprika und Chiliflocken hinzufügen, 30 Sekunden anbraten und anschließend geschälte Tomaten mit Salz und Zucker hinzufügen. Ohne Deckel fünf Minuten schmoren, dann mit Brühe aufgießen, und zugedeckt 15–20 Minuten kochen lassen.
- Zum Schluss den Tee in die Suppe geben, alles pürieren und mit Salz und Pfeffer abschmecken. Mit gutem Olivenöl und einer Prise geräuchertem Paprika servieren.

Wenn du reife Sommertomaten verwendest, kannst du die Zuckermenge reduzieren oder den Zucker ganz weglassen.

LAKSA MIT BOHNEN

Um an das Rezept für diese Suppe zu gelangen, bin ich zunächst nach Kuala Lumpur und dann nach Singapur gefahren, weil ich die perfekte Version dieser einzigartigen Suppe finden wollte. Laksa ist ein Symbol der malaysischen Küche und Kultur und ein Nationalgericht Singapurs. Es ist durch die Kombination verschiedener Einflüsse entstanden: der Küchen der Ureinwohner mit denen chinesischer Einwanderer. Aus dieser kulturellen Verschmelzung ist eine Suppe entstanden, die gleichzeitig samtig und von der Konsistenz eines Eintopfs, zart, charaktervoll und schließlich auch cremig und würzig ist.

ZUTATEN FÜR VIER BIS SECHS PORTIONEN

FÜR DIE PASTE

2 Stängel Zitronengras
1 TL Salz
1 Stück Ingwerknolle, ca. 4 cm
1 Stück Kurkuma, ca. 8 cm
6 Cashewkerne
3–4 EL Sambal Oelek
150 g Schalotten

FÜR DIE SUPPE

¼ Tasse Bratöl
20 getrocknete Curryblätter
1 TL gemahlener Koriander
3–4 Tassen Brühe
2 EL Sojasoße
1 Dose Kokosmilch
1 TL Rohrzucker

ZUM SERVIEREN

400 g grüne oder gelbe Bohnen
100 g Mungobohnensprossen
gekochte Reisnudeln

ZUBEREITUNG

- Den grünen, harten Teil von den Stängeln des Zitronengrases abschneiden. Den weichen, knollenförmigen Teil der Stängel in dünne Streifen schneiden und zusammen mit Salz in einem Mörser zerdrücken. Fein gehackten Ingwer, Kurkuma und Cashewkerne hinzufügen und weitermörsern. Zusammen mit Sambal und geschälten Schalotten in einen Mixbecher geben und zu einer glatten, flüssigen Paste pürieren.
- Öl in einem Topf erhitzen und die Paste hinzufügen. Bei mittlerer Hitze fünf bis sieben Minuten lang braten, ab und zu umrühren. Dann Curryblätter und Koriander hinzufügen und noch eine Minute braten. Restliche Zutaten hinzufügen, zudecken und fünf Minuten kochen lassen.
- Währenddessen Wasser in einem kleinen Topf zum Kochen bringen und die Bohnen hineingeben. Zwei bis drei Minuten kochen, die Mungobohnensprossen hinzufügen und alles nach 30 Sekunden durch ein Sieb abgießen.
- Das fertige Laksa gegebenenfalls mit mehr Sojasoße oder einer Prise Zucker abschmecken. Zum Servieren eine Portion Reisnudeln in jede Schüssel geben, eine große Kelle Suppe eingießen und blanchierte Bohnen und Sprossen hinzufügen.

Die frische Kurkumawurzel kann gegen zwei Esslöffel getrocknete Kurkuma ausgetauscht werden, sie sollte dann aber einen Moment später – zusammen mit den gemahlenen Koriandersamen – in die Suppe gegeben werden. Bei den restlichen Zutaten solltest du lieber nicht herumtricksen, denn wenn du sie ersetzt, wird die Suppe geschmacklos. Wenn du weitere Ratschläge benötigst, wie man die Paste am besten zubereitet, schau auf Seiten 179.

TOM KHA

Ich habe Tom Kha von einer Reise durch Thailand mitgebracht, und in dieser Version ist die Suppe geschmacksintensiv, samtig und unwiderstehlich dank der Austernpilze und des Kokosaromas.

ZUTATEN FÜR SECHS PORTIONEN

1 Stück	Ingwerknolle, ca. 3 cm
5 Stängel	Zitronengras
4 Dosen	Kokosmilch
300 g	Austernpilze
1–2	entkernte Chilischoten
1	Schalotte
2	Tomaten
8	getrocknete Kaffirlimettenblätter
1 EL	Sojasoße
½ TL	Salz
½ TL	Rohrzucker
	gepresster Saft von 1–2 Limetten
1 Bund	Koriander

ZUM SERVIEREN

	geviertelte Limonenstücke
einige Scheiben	Chilischoten
	gekochter Reis zusätzlich zur Suppe (optional)

ZUBEREITUNG

- Ingwer mit einem Teelöffel schälen und dann hacken. Zitronengras von der obersten harten Schicht befreien, dann mit dem stumpfen Ende eines Messers platt klopfen und in dünne Scheiben schneiden. Beides in den Topf geben, zwei Dosen Kokosmilch hinzufügen und bei mittlerer Hitze erhitzen.
- Austernpilze säubern und in dicke Streifen schneiden. Wenn die Kokosmilch im Topf zu kochen beginnt, die Austernpilze und zwei weitere Dosen Milch hinzufügen und weitererhitzen.
- Chilischoten in dünne Scheiben schneiden, die Schalotte halbieren, auch in dünne Scheiben schneiden und die Tomaten achteln. Sobald die Suppe im Topf leicht zu kochen beginnt, die übrigen Zutaten außer dem Limettensaft und dem Koriander hinzufügen und das Ganze zugedeckt bei geringer Hitze 15–20 Minuten kochen lassen. Die Suppe sollte dabei stets leicht blubbern aber weder intensiv kochen noch aufschäumen.
- Nach dieser Zeit, wenn sich die Aromen ausgebreitet haben und die Austernpilze weich geworden sind, die Suppe probieren und mit Limettensaft und Salz abschmecken. Sie sollte leicht süß und nur leicht sauer sein, deshalb den Limettensaft nur nach und nach dazugeben. Wenn die Suppe den richtigen Geschmack erreicht hat, Koriander hacken und umrühren.
- Die fertige Suppe in Schüsseln anrichten. Zusätzlich kann sie mit Limonenvierteln und Chilischeiben garniert und optional mit Reis serviert werden.

Das Wichtigste bei der Zubereitung von Tom Kha ist, die Kokosmilch langsam zu kochen und die Zutaten in der richtigen Reihenfolge hinzuzugegeben. Die Suppe hat dann die richtige Geschmacksbalance, weil die wichtigsten Zutaten länger kochen und ihre Aromen intensiver entfalten. Ich weiß, dass in europäischen Restaurants die Suppen durchgeseiht werden, in Thailand gilt das jedoch als Verschwendung. Es lohnt sich auszuprobieren, wie gut die in Kokosmilch gegarten Zitronengrasstücke, Schalotten und Tomaten schmecken. Damit nichts verschwendet wird, bereite aus den harten Zitronengrasstücken, die du zu Beginn beiseitegelegt hast, einen Tee, wie auf Seite 247 beschrieben.

PHO

Über die Pho-Suppe könnte ich ein eigenes Buch und darüber hinaus noch einen Gedichtband und einen Liebesroman schreiben. Ich liebe diese berühmte vietnamesische Suppe so sehr, dass ich nur ihretwegen nach Vietnam gereist bin, um so viele Schüsseln wie möglich davon zu essen und die perfekte Version zu finden. Du denkst, es ginge um das traditionelle Rezept mit Rindfleisch? Mitnichten – die vietnamesischen Buddhisten sind Meister der Fälschung von Fleischgerichten und kennen eigentlich keine andere vegetarische Küche als die, die Fleischversionen imitiert. Nur wenige Jahre nach der Entwicklung des Rezeptes für die Pho-Suppe entstanden daher zu Beginn des 20. Jahrhunderts die Rezepturen für Pho Chay, also die vegetarische Version. Ich habe viele verschiedene Arten ausprobiert und nach wochenlangem Experimentieren eine Version vorbereitet, die dich in kürzester Zeit auf die Straßen von Saigon versetzt. Verzeih mir die lange Zutatenliste, aber glaub mir, es lohnt sich, sich damit auszustatten – wenn du sie einmal probiert hast, wirst du keine anderen Zutaten mehr verwenden wollen.

ZUTATEN FÜR VIER BIS SECHS PORTIONEN

1 Zwiebel
1 Stück Ingwerknolle, ca. 5 cm

2 Kardamomkapseln, am besten schwarze
3 Anissterne
1 Stange Zimt
2 TL Koriandersamen
2 TL Fenchelsamen
1 TL schwarze Pfefferkörner
1 TL Nelken

1 Aubergine
1 Karotte
½ Stange Lauch mit dunklen Blättern
½ Sellerieknolle
½ saurer Apfel
Bratöl

2 EL Brandy oder Whiskey

2 EL Misopaste
3 EL Sojasoße
¼–½ TL Rohrzucker

10 getrocknete Shiitake-Pilze
¼ Tasse Erdnüsse
1 ½ L Wasser

ZUM SERVIEREN

Kräuter nach Geschmack
Limettenschnitze
Chilischoten
4–6 Handvoll Reisnudeln

ZUBEREITUNG

- Zwiebel halbieren und schälen, Ingwerknolle halbieren. Für fünf bis sechs Minuten über der Flamme des Gasherds oder in einer Pfanne bräunen, bis beide Zutaten ordentlich angeröstet sind.
- Eine Pfanne ohne Fett stark erhitzen und alle Gewürze hineingeben. Zwei bis drei Minuten rösten, bis sie anfangen, intensiv zu duften und zu hüpfen. Dann auf einen Teller geben und beiseitestellen.
- Aubergine, Karotte, Lauch, Sellerie und Apfel putzen, den Lauch in Scheiben und die anderen Zutaten in Würfel schneiden. In einem großen, hohen Topf Öl erhitzen, das gehackte Gemüse, die gerösteten Gewürze, Ingwer und Zwiebeln dazugeben und alles, möglichst ohne zu rühren, acht bis zehn Minuten anbraten, bis das Gemüse goldbraun ist. ➔

- Mit Brandy oder Whiskey ablöschen und unter intensivem Rühren den Alkohol verdampfen lassen. Dann Misopaste, Rohrzucker und Sojasoße mit in den Topf geben und vorsichtig rühren, bis sich die Zutaten auflösen. Dann die restlichen Zutaten hinzufügen, den Topf zudecken und bei geringer Hitze mindestens eine Stunde, vorzugsweise zwei bis zweieinhalb Stunden kochen.
- Anschließend die Suppe abseihen und das Gemüse dabei gut ausdrücken. Mit etwas Sojasoße oder Zucker abschmecken – sie sollte geschmacksintensiv, leicht süßlich und leicht umamiartig schmecken. Keine Sorge, wenn dich die Süße stört: Die Suppe wird mit Limette serviert, um einen deutlichen, kontrastierenden Geschmack zu erzeugen.
- Wenn die Suppe fertig ist, eine Handvoll Reisnudeln in jede Schüssel geben und die heiße Brühe darübergießen. Mit Kräutern bestreuen, Limette und Chilischoten zur Selbstbedienung bereitlegen und servieren.

Diesmal kann ich dir leider nicht sagen, dass du einige Gewürze überspringen oder durch andere ersetzen könntest. Sie sind alle wichtig und verleihen der Pho-Suppe das richtige Aroma. Aber ich kann dich trösten: Mit jedem dieser Gewürze lassen sich viele neue asiatische Gerichte zubereiten, zum Beispiel Mapo Tofu (S. 185), Kung-Pao-Sellerie (S. 187) oder Massaman-Curry (S. 183).
Und außerdem: Wenn du das Gemüse aus der Suppe nicht wegwerfen willst, kannst du es als Füllung für kleine Maultaschen verwenden. Dafür werden die Gewürze nach dem Rösten in einem kleinen Beutel oder Teesieb gekocht, um sie anschließend leicht vom Rest trennen zu können. Das restliche Gemüse einfach hacken, mit Sojasoße, gehacktem Schnittlauch und Sesamöl würzen, in den Maultaschenteig geben und in Dampf garen lassen. Du brauchst es nicht sofort zu tun, das Gemüse kann bis zu fünf Tagen im Kühlschrank warten.

KIMCHI-SUPPE

Wenn ich das vielseitigste Produkt der asiatischen Küche wählen müsste, das das alltägliche Kochen auf einen Schlag einfacher, entspannter und leckerer macht, würde ich mich nicht für Tofu entscheiden. Auch nicht für Tempeh, geschweige denn für Sojasoße oder Misopaste. Es wäre Kimchi, also koreanisches Sauerkraut mit Knoblauch, Ingwer und dem herrlichen Gochugaru-Chilipulver, über das ich auf Seite 26 viel geschrieben habe. Es genügt, alle zwei Wochen eine Portion Kimchi zuzubereiten (S. 261), wofür eine halbe Stunde in der Küche reicht, diese dann im Kühlschrank aufzubewahren und regelmäßig ein bisschen davon zu essen. Wenn du es zur Hand hast, kannst du es in einer Pfanne mit dem Reis vom Vortag braten und in fünf Minuten Kimchi Bokkeumbap herstellen, mit Mehl mischen und in zehn Minuten Kimchijeon-Pfannkuchen braten (S. 189) oder in einer Viertelstunde eine Kimchi-Suppe namens Kimchi Guk zubereiten. In der einfachsten Version reicht es, eine Zwiebel mit Kimchi zu braten, dann die Brühe darüberzugießen – schon ist die Suppe fertig. Aber hier stelle ich dir meine Lieblingsversion mit Shiitake-Pilzen vor.

ZUTATEN FÜR DREI BIS VIER PORTIONEN

10 getrocknete Shiitake-Pilze
1 Tasse heißes Wasser

1 Zwiebel
Bratöl

1 EL Tomatenmark
½ TL Rohrzucker

400 g Kimchi, d. h. die Hälfte der auf S. 261 angegebenen Portion
2 Tassen Brühe

ZUM SERVIEREN

Sesamöl
gehackte dicke Lauchzwiebel
beliebige Sesamkörner
1 Stück Nori-Meeresalgen (optional)

ZUBEREITUNG

- Heißes Wasser über die Shiitake-Pilze gießen und beiseitestellen. In der Zwischenzeit eine Zwiebel würfeln, Öl in einer Pfanne erhitzen und die Zwiebel dazugeben. Ein bis zwei Minuten braten, anschließend Zucker und Tomatenmark hinzufügen und weitere ein bis zwei Minuten braten.
- Die Pilze mit einem Sieb aus der Flüssigkeit holen (diese nicht wegschütten!) und in kleinere Stücke schneiden. Kimchi, Shiitake mit Einweichwasser und Brühe in den Topf geben. Bei schwacher Hitze zugedeckt fünf bis zehn Minuten kochen lassen. Mit Sesamöl, Lauchzwiebel, Sesam und wahlweise mit einem Stück Nori dekoriert servieren.

> Dieses Rezept ist so einfach, dass ich diesmal keinen besonderen Ratschlag für dich habe. Es kann wirklich nichts schiefgehen. Es lebe Kimchi!

SÜSSKARTOFFEL-CREMESUPPE

Pflanzenesser wissen genau, wie vielseitig gebackenes Gemüse ist. Deshalb basiert dieses Rezept auf einem Blech gebackenen Gemüses – aus Süßkartoffeln entsteht eine Cremesuppe, und aus gebackenen Paprikaschoten, Knoblauch, Tomaten und Mandeln wird eine wunderbare katalanische Romesco-Soße.

ZUTATEN FÜR DREI BIS VIER PORTIONEN SUPPE

1 kg Süßkartoffeln

½ entkernte Chilischote
Bratöl

3–4 Tassen Brühe
2 EL Zitronensaft
Salz und Pfeffer

FÜR DIE ROMESCO-SOSSE

2 Paprika
1 Tomate
1 Knoblauchknolle

1 Scheibe Brot
¼ Tasse Mandeln

1 EL geräucherter Paprika
1 EL beliebiger Essig
Salz und Pfeffer
½–¾ Tasse Extra-Vergine-Olivenöl

ZUBEREITUNG

- Den Ofen auf 200 °C vorheizen. Paprika halbieren und die Samen herausnehmen, Knoblauchknolle oben abschneiden, sodass die Zehen sichtbar werden. Auf ein mit Backpapier ausgelegtes Backblech die Paprikaschoten mit der äußeren Seite nach oben legen, Knoblauch, Tomaten und ungeschälte Süßkartoffeln danebenlegen.
- Für 20–25 Minuten backen, bis die Paprikaschoten anfangen, goldbraun zu werden. Dann das Brot und die Mandeln dazugeben, weitere fünf Minuten backen und dann alles außer den Süßkartoffeln herausnehmen. Die Süßkartoffeln noch 15–20 Minuten im Ofen lassen, da sie deutlich länger brauchen, bis sie weich sind.
- Die Paprikaschoten häuten und von restlichen Kernen befreien, den Knoblauch aus den Schalen pressen und mit den anderen Soßenzutaten außer dem Olivenöl in einen Standmixer geben. Ein bis zwei Minuten mixen, bis eine dicke Paste entsteht, zum Schluss Olivenöl dazugießen. Bei Bedarf etwas weniger oder mehr hinzufügen und die fertige Soße beiseitestellen.
- Die weichen Süßkartoffeln aus dem Ofen nehmen, die Haut abziehen und die Kartoffeln vierteln.
- In einer großen Bratpfanne mit Öl die Chilischote 30 Sekunden anbraten. Süßkartoffeln und Brühe dazugeben und zugedeckt fünf Minuten kochen. Zu einer glatten Creme pürieren, mit Zitronensaft, Salz und Pfeffer abschmecken. Mit einem großen Klecks Romesco-Soße und optional gehackten Mandeln servieren.

Mit den genannten Mengen erhältst du ein großes Glas Soße. Nicht umsonst ist Salsa-Romesco eine großartige Beilage zu vielen Gerichten. Sie hält sich für einige Tage im Kühlschrank – wenn man sie also einmal zubereitet, dann am besten gleich eine größere Menge. Ich brauche dir sicher nicht zu verraten, womit du sie servieren sollst, denn ich bin sicher, dass du sie am liebsten mit einem Löffel direkt aus dem Bechermixer essen wirst.

KALTE AVOCADOSUPPE
MIT CHIMICHURRI

Chimichurri ist ein Ass im Ärmel der argentinischen Köche, das sie fast immer und zu allem servieren. Unter diesem klangvollen Namen verbirgt sich eine grüne Soße aus fein gehackten Kräutern, die mit Knoblauch, Chili und Öl vermischt werden. Es reicht, sie einmal zuzubereiten, in den Kühlschrank zu stellen, um sie dann zu gegrilltem Gemüse, Salaten und sogar zu einer kalten Avocadosuppe zu servieren.

ZUTATEN FÜR ZWEI BIS VIER PORTIONEN

KALTE SUPPE

2 Stangen Staudensellerie
1 mittelgroße Fenchelknolle
2 Knoblauchzehen
Olivenöl

2 weiche, reife Avocados
2–3 EL Limettensaft
1 ½–2 Tassen Wasser
Salz und Pfeffer

CHIMICHURRI-SOSSE

1 Tasse frisch gehackte Petersilie
½ Tasse frisch gehackter Koriander
½ Tasse frisch gehackter Oregano
1 Knoblauchzehe
¼ entkernte Chilischote
1–2 EL Wein- oder Apfelessig
1 EL Zitronensaft
Salz und schwarzer Pfeffer

3–4 EL mildes Öl, Raps- oder Traubenkernöl
3–4 EL Extra-Vergine-Olivenöl

ZUBEREITUNG

- Sellerie und Fenchel in dünne Scheiben schneiden, Knoblauch schälen. Öl in einem Topf erhitzen, das vorbereitete Gemüse dazugeben und fünf bis sechs Minuten anbraten, bis der Sellerie und der Fenchel weich sind.
- Das weiche Gemüse in eine Schüssel geben, die restlichen Zutaten hinzufügen und alles glatt pürieren. Falls nötig, mehr Wasser hinzufügen und mit mehr Limettensaft abschmecken, die fertige Suppe in den Kühlschrank stellen.
- Chimichurri zubereiten. Ein großes Brett bereitlegen, darunter ein feuchtes Tuch platzieren, damit sich das Brett nicht auf der Arbeitsfläche bewegt. Die Kräuter auf dem Brett fein hacken. Alles in eine Schüssel geben, dann Knoblauch und Chili ebenso fein hacken und zusammen mit Essig, Zitronensaft, Salz, Pfeffer, Öl und Olivenöl unter die Kräuter mischen.
- Die kalte Suppe in Gläser oder Schalen füllen, jede Portion mit einem großen Löffel Chimichurri servieren. Die restliche Soße kann im Kühlschrank noch mehrere Wochen aufbewahrt werden.

> Ich ahne, was du jetzt denkst – lass den Mixer in Ruhe! Damit Chimichurri richtig schmeckt, müssen die Kräuter wirklich von Hand gehackt werden. Glaub mir, du wirst nicht mehr als fünf Minuten brauchen, und die Soße wird so schmecken, wie sie schmecken sollte.

MEXIKANISCHE MAISSUPPE

Um eine gute Maissuppe zu kochen, braucht man sowohl die Maiskörner als auch den Kolben. Weil die abgekratzten Maiskörner zusammen mit dem entkernten Kolben gekocht werden, wird die Suppe wirklich intensiv süß und maisartig.

ZUTATEN FÜR FÜNF BIS SECHS PORTIONEN

4 Maiskolben
1 Zwiebel
Bratöl

½ TL geräuchertes Paprikapulver
1 TL Paprika edelsüß
½ TL Chiliflocken

2 Kartoffeln
1 Tomate

1 ½–2 L Brühe

ZUM SERVIEREN

Limettensaft
frischer Koriander

ZUBEREITUNG

- Die Kolben nacheinander in eine Schüssel stellen und mit einem scharfen Messer die Körner abtrennen. Die Kolben danach nicht wegwerfen. Zwiebel, Kartoffeln und Tomate würfeln.
- Öl in einem Topf erhitzen, die gehackten Zwiebeln mit den Maiskörnern und -kolben hinzufügen und zwei Minuten braten, bis die Zwiebeln leicht goldbraun sind. Dann die Gewürze hinzufügen, umrühren und noch eine Minute braten.
- Kartoffeln und Tomate hinzufügen und zwei bis drei Minuten mitbraten, dann die Brühe aufgießen, zudecken und alles 15–18 Minuten kochen lassen. Die Maiskolben herausnehmen, eine Tasse der Gemüsesuppe abnehmen, in einem Mixer pürieren und wieder zurück in den Topf gießen. Mit Limettensaft abschmecken, mit einer großen Handvoll frischem Koriander servieren.

Die Suppe schmeckt lecker mit Tortillastücken oder Nachos. Im Sommer lohnt es sich, sie mit einem großen Löffel Bobomole (S. 107) zu servieren.

SCHWEDISCHE HACKBÄLLCHEN
PILZFRIKADELLEN
BOLOGNESE VEGANESE
WINTERGEMÜSE-CAPONATA
ORECCHIETTE
SELLERIE-LASAGNE
PILZE STROGANOFF
UNGARISCHER PAPRIKAGULASCH
CHAKALAKA
MALISCHER GULASCH
GRÜNES CURRY
MASSAMAN-CURRY MIT KARTOFFELN
MAPO TOFU MIT PILZEN
KUNG-PAO-SELLERIE
PFANNKUCHEN MIT KIMCHI
KOHL AUS KERALA
ROTE-BETE-CURRY
FALAFEL AUF INDISCHE ART
CURRY FÜR EWIG HUNGRIGE
BOHNEN AUS PUERTO RICO

GROSSER HUNGER

SCHWEDISCHE HACKBÄLLCHEN
MIT CRANBERRYS

Du liebst sicher auch die schwedischen Gemüse-Hackbällchen von IKEA. In der traditionellen Version als Fleischbällchen werden sie immer mit einer großen Menge an gemahlenem Piment gewürzt, und zum Schluss fügt man etwas Milch oder Sahne hinzu, um die Bällchen etwas milder zu machen. Solltest du es also zufälligerweise zu weit zu IKEA haben, probiere es mit diesem Rezept – ganz ohne Fleisch.

ZUTATEN FÜR 20–25 HACKBÄLLCHEN

1	Zwiebel
1 Tasse	gekochte braune Linsen (½ Tasse trockene braune Linsen)
1 ½ Tassen	gekochter roter Reis (¾ Tasse trockener roter Reis)
½ Tasse	Paniermehl
¼ Tasse	ungesüßte Pflanzenmilch
2 EL	Sojasoße
1 TL	gemahlene Pimentkörner
	Salz und schwarzer Pfeffer
	Bratöl

ZUM SERVIEREN

einige EL	heiße Cranberrys
	Kartoffelpüree mit Apfel (S. 260)

ZUBEREITUNG

- Zwiebel sehr fein hacken, Linsen und Reis kochen und abtropfen lassen. Mit allen weiteren Zutaten in eine große Schüssel geben und von Hand gründlich zu einer kompakten Masse kneten. Einen Teil der Masse mit einem Stabmixer vorsichtig zerkleinern – es reichen nur wenige Bewegungen mit dem Mixer, um die nötige Bindung zu erreichen. Zum Schluss alles nochmals durchkneten und mit Salz und Pfeffer abschmecken.
- Hände waschen, mit Öl einreiben und aus der Masse Bällchen formen. Dann in einer großen Pfanne Öl erhitzen, die Hackbällchen hineinlegen und vier bis sechs Minuten lang braten, dabei die Pfanne leicht schwenken, sodass sie sich drehen und gleichmäßig goldbraun werden.
- Die heißen Hackbällchen mit Cranberrys servieren, sie schmecken hervorragend mit Kartoffelpüree mit Apfel (S. 260) oder hausgemachten Pommes frites.

> Damit sich die Gemüse-Hackbällchen besser formen lassen, sollten die gekochten Linsen und der Reis noch warm und gut abgetropft sein. Wenn du keinen roten Reis zur Hand hast, nimm einfach braunen oder weißen – die Hackbällchen erhalten dadurch zwar eine andere Farbe, und ihr Geschmack wird nicht so nussig, aber sie werden ebenso köstlich.

PILZFRIKADELLEN

Es ist nicht so, dass Vegetariern und Veganern Fleisch fehlen würde. Manchmal fehlen ihnen jedoch bestimmte Geschmacksrichtungen, Gerüche und Gewürze, die gute Kindheitserinnerungen hervorrufen, oder Rituale wie das Formen von Frikadellen mit ihrer Großmutter. Und manchmal hat man einfach mal Lust auf Kartoffeln, Rote Bete und ... Frikadellen! Das alles vermisste auch meine Mutter, die vor einigen Jahren Vegetarierin wurde, sodass ich für sie das Rezept für Blumenkohlfrikadellen kreierte. Deshalb habe ich beschlossen, eine Sonntagsversion zuzubereiten – und zwar gefüllt mit gebratenen Champignons und Zwiebeln.

ZUTATEN FÜR ZEHN BIS ZWÖLF FRIKADELLEN

1 Tasse	geraspelter Blumenkohl
½	Zwiebel
1	Knoblauchzehe
1 ½ Tassen	gekochte Hirse (ca. ¾ Tasse trockene Hirse)
½ Tasse	in einer trockenen Pfanne angeröstete und gehackte Sonnenblumenkerne
¼ Tasse	Kartoffelstärke
2 EL	Bratöl
2 EL	Sojasoße
½ TL	Agavendicksaft
1 ½–2 TL	Kräuterpfeffer
	Salz und schwarzer Pfeffer
	Paniermehl (optional)

FÜR DIE FÜLLUNG

½	Zwiebel
150 g	Waldpilze oder Champignons
	Bratöl
	Salz und schwarzer Pfeffer
1 Handvoll	Petersilie

ZUBEREITUNG

- Blumenkohl in eine Schüssel geben. Zwiebeln grob und Knoblauch fein hacken. Alle übrigen Zutaten außer denen für die Füllung zum Gemüse geben und mit den Händen zu einer kompakten, klebrigen Masse verarbeiten und kalt stellen.
- Den Ofen auf 200 °C vorheizen. Für die Füllung die Pilze putzen und würfeln, die Zwiebel hacken. Öl in einer Pfanne stark erhitzen und Pilze und Zwiebeln vier bis sechs Minuten braten, möglichst ohne umzurühren, bis die Pilze deutlich goldbraun sind. Gehackte Petersilie, Salz und Pfeffer hinzufügen.
- Die Masse aus dem Kühlschrank nehmen, ein Backblech mit Backpapier oder einer Alternative auslegen. Mit geölten Händen Frikadellen formen und in deren Mitte eine Mulde drücken. Einen Teelöffel der Füllung hineingeben und mit einer weiteren Portion der Masse zukleben. Vorsichtig die Frikadellen zu einer stabilen Form hin- und herrollen, wahlweise in Paniermehl wälzen und auf das Backblech legen. Aus dem Rest weitere Frikadellen formen.
- Die Frikadellen im heißen Ofen für 20–25 Minuten backen, bis sie sich leicht vom Blech bzw. Backpapier lösen lassen. Zum Schluss wenden und weitere fünf Minuten backen. Traditionell mit Kartoffelpüree (S. 256), modern mit Pommes frites oder in der sportlichen Version mit beliebigem Salat servieren.

> Verwende für die Frikadellen idealerweise frisch gekochte, sogar leicht zerkochte, warme Hirse. Wenn sie trotzdem nicht klebrig genug ist, noch etwas Kartoffelstärke dazugeben und die Hände gründlich mit Öl einreiben – so lassen sich die Frikadellen deutlich leichter formen. Du kannst die Masse auch in den Kühlschrank legen: Je länger sie kalt gestellt wird, desto leichter gelingt es, sie zu formen. Verzichte weder auf Kräuterpfeffer noch auf gehackte Zwiebeln, denn sie verleihen den Frikadellen ihren besonderen Geschmack.

BOLOGNESE VEGANESE

Zuerst muss ich mit den Mythen zum Thema Bolognese-Soße aufräumen. Ihre Geschichte reicht bis ins Mittelalter zurück, und sie bestand ursprünglich aus Sellerie, Karotten, Hackfleisch, Wein, wenigen Tomaten und Sahne. Manchmal wurden der Soße Steinpilze hinzugefügt, aber niemals Oregano, Thymian oder Basilikum. Sie wurde nicht als Klecks auf trockenen Spaghetti serviert, sondern mit Tagliatelle, die sich noch im Topf befand, vermischt. Der Brauch, gekochte Nudeln mit Soße auf einen Teller zu geben, kam aus den Vereinigten Staaten, wo Ragù Bolognese sehr beliebt wurde. Da jedoch die Amerikaner deutlich mehr Soße bevorzugten, als es in Italien der Brauch war, begannen die Restaurants damit, Nudeln auf einem Teller und die Soße in einer Schüssel getrennt zu servieren, sodass die Gäste (zum Erstaunen der italienischen Köche) die Nudeln in einem Meer von Soße wälzen konnten. Leider stellen sich heutzutage die meisten letztere Variante unter Bolognese-Soße vor, und deshalb komme ich der italienischen Tradition mit dieser veganen Version zu Hilfe – viel näher am Original als die meisten in Gläsern verkauften und in angeblich italienischen Restaurants servierten Bolognese-Soßen.

ZUTATEN FÜR DREI BIS VIER PORTIONEN

4 EL getrocknete grüne Linsen
15 getrocknete Pilze
1 Tasse Brühe
2 EL beliebiges Olivenöl
2 EL Sojasoße

1 kleine Zwiebel
1 kleine Karotte
1 Stange Staudensellerie
1 Anisstern
½ Zimtstange
1 Prise Salz
Extra-Vergine-Olivenöl

¼ Tasse trockener Weiß- oder Rotwein

1 ¼ Tasse Tomatenmark
1 Tasse Brühe
Salz und schwarzer Pfeffer

2–3 EL ungesüßte Pflanzenmilch

ZUM SERVIEREN

400 g Tagliatelle
Hefeflocken
schwarzer Pfeffer

ZUBEREITUNG

- Die Linsen in einen kleinen Topf mit getrockneten Pilzen, Brühe, Öl und Sojasoße geben. Bei schwacher Hitze mit dem Deckel darauf 25–30 Minuten kochen lassen, bis die Linsen die gesamte Brühe aufgenommen haben und anfangen, leicht in dem übrig gebliebenen Olivenöl anzubraten. Dann den Herd ausstellen. Zwar werden sie immer noch ein wenig hart sein, aber keine Sorge.
- In der Zwischenzeit die Lieblings-Playlist einschalten, ein scharfes Messer herausnehmen und ein feuchtes Tuch unter das Schneidebrett legen, damit es nicht verrutschen kann – es kommt eine Menge präziser Schnippelei auf dich zu. Zwiebel, Karotte und Sellerie in gleichmäßige, zwei bis drei Millimeter große Würfel schneiden. ➔

- Einen großen Topf gesalzenes Wasser für die Nudeln zum Kochen bringen. Olivenöl in einer großen Pfanne erhitzen, das gehackte Gemüse zusammen mit Anis, Zimt und Salz hinzufügen. Fünf bis sieben Minuten braten, bis der Pfanneninhalt weich ist und die Zwiebeln glasig werden. Wein dazugießen und die Hitze erhöhen, damit der Alkohol verdampft.
- Währenddessen die gekochten Linsen und Pilze in einen Mixbecher geben und mit pulsierenden Bewegungen in kleinere Stücke häckseln. Anis und Zimt aus der Pfanne entfernen, die Linsen-Pilz-Mischung dazugeben und kräftig umrühren.
- Zur Soße in der Pfanne Tomatenmark, Brühe, Salz und schwarzen Pfeffer dazugeben. Bei schwacher Hitze zugedeckt fünf bis acht Minuten kochen lassen, die Milch hinzufügen und weitere fünf bis acht Minuten kochen lassen. Währenddessen die Nudeln in das kochende Wasser geben und kochen, bis sie al dente, also bissfest, sind.
- Wenn die Nudeln fertig sind, eine Tasse Nudelwasser abnehmen, dann die Nudeln abtropfen lassen und auf keinen Fall kaltes Wasser oder Olivenöl darübergießen. Wieder in den Topf geben, die Soße aus der Pfanne darübergießen und, falls nötig, einige Löffel Nudelwasser hinzufügen – so verdünnt man die Soße leicht, ohne sie wässrig zu machen. Die Nudeln mit Soße einige Minuten erhitzen, bis sie weich sind.
- Die heißen Nudeln in tiefen Tellern servieren, wahlweise mit Hefeflocken und frisch gemahlenem schwarzem Pfeffer bestreuen.

Um ein vegetarisches oder veganes Gericht zuzubereiten, das ebenso gut wie ein Fleischgericht schmeckt, muss man oft nur die Reihenfolge, die Technik und die Gewürze ändern. Schließlich braucht Gemüse eine ganz andere Behandlung, also sieh davon ab, die vorgekochten Linsen in Wasser zu legen und alles mit Tomaten in der Pfanne zu vermischen. Die Linsen müssen gekocht und dann im Topf leicht angebraten werden: Das ist der Schlüsselmoment dieses Rezepts. Ebenso wichtig ist es, Anis hinzuzugeben, der in Kombination mit Zwiebeln einen Umami-Geschmack freisetzt, und Zimtstangen, die dem Ganzen eine tiefe Süße verleihen.

WINTERGEMÜSE-CAPONATA

Caponata ist ein Gericht aus Auberginen, der Inbegriff des gusto siciliano. Es ist fleischig, feucht und voller knuspriger Selleriestücke und Pinienkerne. Leicht salzig und intensiv süßsauer. Glücklicherweise gibt es neben der sommerlichen Version auch eine zweite, weniger bekannte, aus Wintergemüse zubereitete Variante.

ZUTATEN FÜR ZWEI BIS VIER PORTIONEN

800 g beliebiger Kohl
200 g Chicorée
200 g Grünkohl

1 rote Zwiebel
2 Stangen Staudensellerie
1 Tasse grüne Oliven
3 EL Kapern
2 EL geröstete Pinienkerne
2 EL Rosinen
Salz
Olivenöl

1 EL Rohrzucker
4 EL Balsamessig
Salz und schwarzer Pfeffer

ZUBEREITUNG

- Kohl, Chicorée und Grünkohl in dünne Streifen, Zwiebel in Spalten, Sellerie in Scheiben schneiden und die Oliven halbieren.
- In einem breiten, großen Topf Öl erhitzen, dann Zwiebeln, Sellerie, Oliven, Kapern, Pinienkerne und Rosinen hineingeben. Ein bis zwei Minuten braten, anschließend den geschnittenen Kohl, Chicorée und Grünkohl sowie einen halben Teelöffel Salz hinzufügen. Einige Minuten lang beständig umrühren, damit das Gemüse schneller weich wird und an Volumen verliert.
- Danach die restlichen Zutaten hinzufügen und 15–20 Minuten köcheln lassen, bis das Gemüse weich, aber immer noch leicht knusprig ist.
- Am Ende probieren und mit reichlich Balsamicoessig und Salz abschmecken. Heiß zum Beispiel mit Reis oder auch kalt servieren, schmeckt ausgezeichnet auf ofengerösteten Bruschettas.

> Winter-Caponata ist eine großartige Möglichkeit, die Reste von Salaten und Kohlköpfen noch zu verwerten. Variiere ruhig die Mengenverhältnisse und verwende verschiedene Sorten wie Rucola, Endivie, Chinakohl oder Rotkohl. Wenn das Gericht etwas kostengünstiger sein soll, empfiehlt es sich, gehackte Mandeln oder ganze Kürbiskerne anstelle von Pinienkernen zu verwenden, aber denk daran, diese stark zu rösten.

ORECCHIETTE
MIT RADIESCHEN UND KNOBLAUCH

In meinem Blog oder auch in meiner TV-Show habe ich gezeigt, dass es gelingt, Pesto aus allen Blättern herzustellen – insbesondere aus dem Grün von Karotten, Kohlrabi und Radieschen. Aber dieses Mal möchte ich noch einen Schritt weiter gehen und verraten, wie du das Bund Radieschen, das du gerade zur Hand hast, verwenden kannst. Daher möchte ich nun ein altes italienisches Rezept mit dir teilen, bei dem sowohl die Knollen als auch die Blätter in Olivenöl mit Knoblauch und Chili gebraten werden. Einfach köstlich!

ZUTATEN FÜR ZWEI BIS DREI PORTIONEN

200 g Orecchiette-Nudeln

1 Bund Radieschen
Olivenöl

2 Knoblauchzehen
1 entkernte Chilischote
Salz und schwarzer Pfeffer

¼ Bund Petersilie

ZUM SERVIEREN

gehackte Mandeln
Hefeflocken
schwarzer Pfeffer

ZUBEREITUNG

- In einem großen Topf gesalzenes Wasser für Nudeln zum Kochen bringen. In der Zwischenzeit die Blätter von den Radieschen abschneiden, die Knollen achteln und die Blätter in kleinere Stücke schneiden. Knoblauch, Chili und Petersilie hacken.
- Die Nudeln kochen, bis sie al dente sind. Olivenöl in einer Pfanne erhitzen und die klein geschnittenen Radieschen drei bis fünf Minuten lang braten. Dann Knoblauch und Chili hinzufügen, 30 Sekunden anbraten, Radieschenblätter, Petersilie und eine große Prise Salz und Pfeffer hinzufügen. Alles umrühren und noch eine Minute braten.
- Eine Tasse des Nudelwassers abnehmen, die Nudeln abtropfen lassen, ohne sie mit kaltem Wasser abzuschrecken, und dann wieder zurück in den Topf geben. Den Pfanneninhalt dazugeben und alles bei starker Hitze unter Rühren erneut erwärmen und, falls nötig, etwas Nudelwasser hinzufügen. Sofort servieren, vorzugsweise auf leicht erhitzten Tellern, und mit Mandeln, Hefeflocken und schwarzem Pfeffer bestreuen. Das, was übrig bleibt, lässt sich mit mehr Petersilie vermischen und als Mittagessen mit zur Arbeit nehmen.

> Dieses Rezept ist kinderleicht, es ist nur wichtig, den richtigen Moment für das Abgießen der Nudeln abzuwarten. Al dente bedeutet wörtlich „für den Zahn" (etwas Spürbares), das heißt, dass die Nudeln einen leichten Widerstand für die Zähne darstellen sollen. Genau aus diesem Grund werden sie mit etwas Wasser zu den Beilagen gegeben, damit sie im Topf das Aroma des Gemüses aufnehmen und noch schmackhafter werden.

SELLERIE-LASAGNE

Die Sellerieknolle wird normalerweise nicht mit der italienischen Küche in Verbindung gebracht, obwohl sie in Italien, wenn man dort danach greift, äußerst schmackhaft zubereitet wird. Meistens ist es üblich, die in dicke Scheiben geschnittenen Knollen kurz zu kochen und dann mit einer salzigen Tomatensoße mit viel Knoblauch und manchmal mit Kapern, Oliven und gerösteten Semmelbröseln zu backen. Aber natürlich musste ich noch einen Schritt weiter gehen und habe auf ähnliche Weise Sellerie-Lasagne zubereitet. Wie bei jedem Gericht dieser Art muss man auch hier etwas Arbeit hineinstecken, aber so kann man sich das Kochen für die nächsten drei Tage sparen.

ZUTATEN FÜR ACHT BIS ZWÖLF PORTIONEN

2 kg Sellerieknollen
Salz

BÉCHAMELSOSSE

1 L ungesüßte Pflanzenmilch
2 Schalotten
1 Nelke
1 Lorbeerblatt

8 EL Bratöl
6 EL Weizen- oder Reismehl
5 EL Hefeflocken

1 Prise Muskatnuss
Salz und Pfeffer

TOMATENSOSSE

3 Dosen gehackte Tomaten
3 TL Salz
3 TL Zucker

6 Knoblauchzehen
8 Basilikumzweige
¼ Tasse Olivenöl

ZUM SERVIEREN

2 EL Walnüsse
2 EL Hefeflocken
1 Prise Chili oder Cayennepfeffer
1–2 Prisen Salz und Pfeffer
frisches Basilikum

ZUBEREITUNG

- In einem großen Topf Wasser zum Kochen bringen. Sellerie schälen und in gleichmäßige, drei bis vier Millimeter dicke Scheiben schneiden. Den so geschnittenen Sellerie mit einem Teelöffel Salz in den Topf geben und das Wasser erneut aufkochen, eine Minute lang köcheln lassen. Anschließend den Sellerie vorsichtig herausheben und zum Abkühlen auf einen großen Teller legen.
- Aromatisierte Milch für die Béchamelsoße vorbereiten. Schalotten schälen, halbieren und die Pflanzenmilch in einen Topf geben. Schalotten, Nelke und Lorbeerblatt hinzufügen und erhitzen, bis die Flüssigkeit zu kochen beginnt. Dann vom Herd nehmen und mit einem Deckel darauf beiseitestellen.
- Tomatensoße vorbereiten. Tomaten, Salz und Zucker in einen großen Topf geben und bei mittlerer Hitze ohne Deckel 15 Minuten kochen lassen. Olivenöl in einen kleineren Topf gießen, Knoblauch und Basilikum hinzufügen und auf niedriger Stufe drei bis vier Minuten erhitzen, bis der Knoblauch an den Rändern leicht goldbraun ist, dann vom Herd nehmen und beiseitestellen. ➔

- Für die Béchamelsoße die warme Milch durch ein Sieb geben, in einem weiteren Topf Bratöl erhitzen und Mehl sowie Hefeflocken hineingeben. Zwei bis drei Minuten braten, dann die warme Milch dazugießen und alles gründlich mischen. Eine Weile köcheln lassen, bis die Soße eingedickt ist, und mit frisch geriebener Muskatnuss, Salz und Pfeffer würzen.
- Den Ofen auf 200 °C vorheizen. Das mit Knoblauch und Basilikum aromatisierte Olivenöl durch ein Sieb in den Topf mit den Tomaten abseihen, umrühren und den Herd ausstellen. Die Nüsse in einem Mixer kurz mit Hefeflocken, Chili, Salz und Pfeffer mixen. Hurra, jetzt ist alles bereit, und du kannst die Lasagne einschichten!
- Einige Löffel der Béchamelsoße auf den Boden einer großen Auflaufform geben. Die Selleriescheiben so anordnen, dass sie den Boden gleichmäßig bedecken und sich leicht überlappen, dann fest auf den Boden drücken. Auf die Schicht Sellerie mehrere Kleckse Tomatensoße und dazwischen einige Kleckse Béchamelsoße geben, dabei darauf achten, die Soßenschicht nicht dicker als einen Zentimeter werden zu lassen. Eine weitere Schicht Sellerie hinzufügen und den Vorgang wiederholen, bis die Zutaten ausgehen, wobei die Soßen die letzte Schicht bilden.
- Die fertig geschichtete Lasagne in den Ofen schieben und 50–60 Minuten backen, bis die Béchamelsoße goldbraun und mit Blasen bedeckt ist.
- Die fertig gebackene Lasagne herausnehmen, ein paar Minuten abkühlen lassen und schneiden. Jede Portion mit Nussstreuseln und Basilikumblättern bestreuen.

> Das Geheimnis einer gelungenen Lasagne liegt in der großen Menge Salz im Wasser, die zum Vorkochen des Selleries benötigt wird, in der präzisen Anordnung der Scheiben, in der möglichst dickflüssigen Béchamelsoße, die die Schichten zusammenhält, und in den wirklich dünnen Soßenschichten. Nur so wird die Lasagne kompakt, aromatisch und leicht zu schneiden.

PILZE STROGANOFF

Dieses Gericht habe ich nicht von einer meiner Reisen mitgebracht. Es ist dem Umstand zu verdanken, dass ich meine Freundin einmal zu einer äußerst unvegetarischen Hochzeit begleitete. Wie sich vor Ort herausstellte, gab es keinen einzigen Salat auf dem Tisch, und das Gemüse, das die Wurstplatten schmückte, war in Aspik gehüllt. Darüber hinaus kamen andauernd Teller voller dampfender Frikadellen vorgefahren. Selbst die Kartoffeln wurden nur mit Bratwürsten serviert. Ich setzte meine ganze Hoffnung in den Borschtsch, der gewöhnlich um Mitternacht serviert wird. Wie groß war meine Enttäuschung, als um Punkt 12 Uhr nachts eine Schale mit ... Stroganoff vor mir auftauchte! Aus Wut bereitete ich am nächsten Tag einen riesigen Topf mit der veganen Version von Stroganoff voller Pilze, scharfen Senfs und eingelegter Gurken zu. Ich bat meine Freunde, sie zu probieren und mit der Hochzeitsversion zu vergleichen – sie verlangten nur lautstark Nachschub und fragten, ob ich so etwas auch für ihre Hochzeit zubereiten könnte.

ZUTATEN FÜR VIER BIS SECHS PORTIONEN

250 g Austernpilze
2 EL Sojasoße
1 TL Rohrzucker
Bratöl

4 Schalotten
250 g Champignons
4 EL Żubrówka-Wodka
Bratöl

¾ Tasse Pflanzenmilch
1 TL Tomatenmark
1 TL Senf, Sareptasenf oder Dijonsenf
½ gehackte saure Gurke
Salz und schwarzer Pfeffer

ZUM SERVIEREN

Petersilie
gewürfelte saure Gurke
gehackte Schalotte
schwarzer Pfeffer

ZUBEREITUNG

- Austernpilze längs entlang der Lamellen in dicke Streifen schneiden. In einem großen Topf Öl erhitzen, die Pilze hinzufügen und drei bis vier Minuten braten, ohne umzurühren – sie sollten goldbraun und leicht knusprig sein. Nach dieser Zeit die Sojasoße und den Zucker hineingeben, dann intensiv umrühren und weitere zwei bis drei Minuten braten, bis die ganze Soße verdampft ist. Die Austernpilze aus dem Topf nehmen und auf ein Geschirrtuch legen.
- Schalotten und Champignons halbieren und in Scheiben schneiden. In denselben Topf einige Esslöffel Öl geben, stark erhitzen und die Champignons hinzufügen. Auch diesmal nicht umrühren, zwei bis drei Minuten braten und nach dieser Zeit die Schalotten hinzufügen. Weitere drei bis vier Minuten braten, dann den Wodka hineingießen, erhitzen und warten, bis der Alkohol verdunstet ist.
- Die restlichen Zutaten sowie die Austernpilze dazugeben. Vorsichtig umrühren und fünf Minuten schmoren lassen, zum Schluss mit gehackter Schalotte, Petersilie, eingelegten Gurken und schwarzem Pfeffer bestreuen. Mit Reis, Brot oder Buchweizengrütze (S. 260) deiner Wahl servieren.

> Statt Schalotten lassen sich problemlos weiße Zwiebeln nehmen und Żubrówka durch einen anderen starken Alkohol ersetzen.

UNGARISCHER PAPRIKAGULASCH

Hast du das Rezept für Pilze Stroganoff auf der vorigen Seite gesehen? Das Geheimnis seines wunderbaren Aromas waren die separat gebratenen, glasierten Austernpilze, die zum Schluss mit in die Pfanne gegeben werden. Nach dieser Methode gelingen verschiedene klassische, saftige Eintöpfe, darunter auch der König aller Eintöpfe, der ungarische Pfeffergulasch namens »Pörkölt«. Ich serviere ihn immer meinen nicht von der Pflanzenküche überzeugten Freunden, und wenn sie ihn einmal gegessen haben, nehme ich ihre Entschuldigung an und schreibe ihnen das Rezept mit einem Lächeln auf.

ZUTATEN FÜR VIER PORTIONEN

500 g Austernpilze
2 EL Sojasoße
1 TL Rohrzucker
1 Prise grob gemahlener schwarzer Pfeffer
Bratöl

1 Zwiebel
2 rote Paprika
1 grüne Paprika

2 EL Paprika edelsüß
1 EL geräuchertes Paprikapulver

1 Tomate
1 TL Kümmelsamen
1 Lorbeerblatt
Salz und schwarzer Pfeffer

1 ½ Tassen Brühe

ZUM SERVIEREN

gehackte Petersilie
Grütze, Klößchen oder beliebiges Gebäck

ZUBEREITUNG

- Austernpilze längs entlang der Lamellen in gleich dicke Streifen schneiden. Öl in einer großen Bratpfanne stark erhitzen (wenn du keine große Pfanne hast, brate die Austernpilze in zwei Etappen). Die Austernpilze in das heiße Öl geben und drei bis vier Minuten braten, ohne umzurühren – sie sollten goldbraun und leicht knusprig sein. Danach die Sojasoße aufgießen, Rohrzucker und eine Prise Pfeffer hinzufügen und intensiv vermengen, sodass die Pilze von der Soße bedeckt werden. Weitere zwei bis drei Minuten braten, bis die Soße verdampft ist. Austernpilze aus der Pfanne nehmen, auf ein Geschirrhandtuch legen; die Pfanne nicht spülen, sie wird später noch gebraucht.
- Zwiebel hacken, Paprika und Tomate würfeln. Die Pfanne erneut erhitzen, gegebenenfalls einen Löffel Öl hinzufügen, dann die Zwiebeln und Paprika dazugeben und fünf bis sieben Minuten bei mittlerer Hitze braten. Dann das Paprikapulver hinzufügen, intensiv umrühren und 30 Sekunden lang anbraten, dann schnell die gehackte Tomate, den Kümmel, das Lorbeerblatt sowie Salz und Pfeffer hinzufügen. Alles vermischen und fünf Minuten anbraten.
- Am Ende die vorher gebratenen Austernpilze und die Brühe dazugeben, zudecken und 10–15 Minuten schmoren lassen. Mit Petersilie und ausgewählten Beilagen servieren.

Für diesen Gulasch und andere ungarische Gerichte eignen sich am besten längliche ungarische Paprikaschoten.

CHAKALAKA

Ist das nicht einer der witzigsten und wohlklingendsten Namen für Speisen auf der ganzen Welt? Dahinter verbirgt sich ein Gericht aus Südafrika, und obwohl es aus äußerst preiswerten und nicht besonders raffinierten Zutaten besteht, hat es ein intensives und ungewöhnliches Aroma. Ich wette, dass du die meisten Zutaten bei dir zu Hause findest, und wenn du gerade etwas freie Zeit hast, dann lohnt es sich, sie damit zu verbringen, Chakalaka zuzubereiten.

ZUTATEN FÜR VIER BIS SECHS PORTIONEN

1 Knoblauchzehe
1 Stück Ingwerknolle, ca. 3 cm
Bratöl

2 TL Currypulver

1 Zwiebel
2 Karotten
1 rote Paprika
1 grüne Paprika

250 g Weiß- oder Chinakohl bzw. Wirsing

1 Dose gehackte Tomaten
1 ½ TL Tomatenmark
½ Tasse Wasser
½ TL getrockneter Thymian
½ TL weißer Pfeffer
¼ TL Chili/Cayennepfeffer
Salz

2 Tassen frische oder tiefgekühlte Erbsen

ZUM SERVIEREN

Hirse, Maisgrieß oder Vollkornreis

ZUBEREITUNG

- Knoblauch und Ingwerknolle schälen und hacken. Zwiebel und Paprika würfeln, Karotte und Kohl raspeln.
- In einem großen Topf Öl erhitzen und Knoblauch sowie Ingwer hineingeben. 30 Sekunden braten, Currypulver hinzufügen und für weitere 15 Sekunden braten. Zwiebel, Karotte und Paprika dazugeben und gründlich umrühren. Zwei bis vier Minuten braten, den Kohl hineingeben, erneut intensiv umrühren, danach alle anderen Zutaten außer den Erbsen hinzufügen und alles zehn Minuten zugedeckt kochen lassen.
- Die Erbsen hinzufügen, umrühren und noch zwei weitere Minuten kochen lassen. Heiße Chakalaka mit Grütze oder Reis als Hauptgericht servieren, schmeckt auch hervorragend kalt als Mittagessen für die Arbeit.

Je nach Region landen im Chakalaka auch andere Hülsenfrüchte – manchmal sind es Erbsen, manchmal Spargelbohnen und manchmal weiße Bohnen. Oftmals wird auch Dosengemüse verwendet. Wenn du also keine Erbsen zur Hand hast, nimm einfach andere Hülsenfrüchte.

MALISCHER GULASCH
MIT ERDNUSSBUTTER

Aus Mali stammt »Maafe«, eine Suppe oder ein Eintopf mit Erdnüssen. Es ist fast auf dem gesamten afrikanischen Kontinent ein sehr beliebtes Gericht. In den meisten Ländern West- und Zentralafrikas zu finden, variieren je nach Region das verwendete Gemüse und die Flüssigkeit. Doch ganz gleich, wo sich Maafe findet, es ist immer sehr sättigend, glitschig von der Erdnussbutter und duftet nach Kreuzkümmel und Zimt.

ZUTATEN FÜR SECHS BIS ACHT PORTIONEN

½ Zimtstange
1 TL Kreuzkümmelsamen
½ TL Koriandersamen
¼ TL Fenchelsamen
¼ TL schwarze Pfefferkörner

½ Zwiebel
1 Stück Ingwerknolle, ca. 3 cm
Bratöl

250 g Süßkartoffeln
2 Dosen Kichererbsen (1 ½ Tasse trockene Kichererbsen, eingeweicht und gekocht)
¼ TL Chiliflocken
¼ TL Chili/Cayennepfeffer

1 Dose gehackte Tomaten

1 ½ Tassen Brühe
6 EL Erdnussbutter
Salz

1–2 EL Zitronensaft
1 Handvoll Grünkohl

ZUBEREITUNG

- Eine mittelgroße Pfanne erhitzen. Nacheinander einzeln die Gewürze darin rösten, bis sie intensiv zu duften beginnen. Zum Schluss alle in eine Mühle geben und mahlen.
- Zwiebel und Ingwerknolle hacken, Süßkartoffel schälen und grob würfeln. Öl in einem Topf erhitzen, die gehackten Zwiebeln zusammen mit der Ingwerknolle ein bis zwei Minuten lang braten. Dann Süßkartoffel, abgetropfte Kichererbsen, Chiliflocken, Cayennepfeffer und alle gemahlenen Gewürze hinzufügen. Ein bis zwei Minuten braten, anschließend die Tomaten hinzufügen und drei Minuten schmoren lassen.
- Brühe, Erdnussbutter und eine Prise Salz hinzufügen, den Topf zudecken und den Eintopf 18–25 Minuten lang kochen, bis die Süßkartoffeln weich sind. Zum Schluss eine Handvoll Grünkohlblätter und Zitronensaft hinzugeben und mit Salz abschmecken. Mit einer Grütze oder mit Gebäck servieren.

> In diesem Eintopf lässt sich das im Kühlschrank vergessene Gemüse leicht verwerten. Du kannst daher auch Karotten oder Petersilie und gehackten Kohl anstelle von Grünkohl verwenden.

GRÜNES CURRY

Grünes Curry, oder Kaeng Kiaw Waan, ist das bekannteste Thai-Curry der Welt. Es verdankt seinen Namen den grünen Chilischoten, die für die Herstellung der Paste benötigt werden, und seine Beliebtheit der außergewöhnlichen Harmonie der Aromen – es ist wunderbar süß, leicht säuerlich und angemessen scharf. Ich bin durch ganz Zentralthailand gereist, wo dieses Curry herkommt, und habe dann einige Monate an diesem Rezept gearbeitet, aber ich werde dich damit nicht langweilen, sondern komme direkt zu den Einzelheiten.

ZUTATEN FÜR VIER BIS SECHS PORTIONEN

CURRYPASTE

1 ½ TL	Koriandersamen
½ TL	Kreuzkümmelsamen
¼ TL	schwarze Pfefferkörner
3 Stängel	Zitronengras
1 TL	Salz
1 Stück	Ingwerknolle, ca. 3 cm
4	entkernte grüne Chilischoten
3	Knoblauchzehen
1	Schalotte
1 ½ TL	geriebene Limettenschale

CURRY

2 Dosen	Kokosmilch leicht gekühlt
300 g	Auberginen
9	getrocknete Kaffirlimettenblätter
1–2 Prisen	Salz
½ Tasse	Kokoswasser
½	Brokkoli
200 g	grüne Bohnen, frisch, tiefgekühlt oder aus der Dose
1–2 Handvoll	Thai-Basilikumblätter
einige Stücke	frischer grüner oder roter Chilischote
1–2 EL	Sojasoße
1–3 TL	Limettensaft
1–2 TL	Zucker

ZUBEREITUNG

- Mit der Vorbereitung der Currypaste anfangen. Eine kleine Pfanne ohne Fett erhitzen und alle Gewürze nacheinander anrösten, anschließend in eine Mühle geben zu einem Pulver mahlen.
- Knoblauch und Schalotte schälen. Den weichen Teil des Zitronengrases in sehr dünne Scheiben schneiden und zusammen mit Salz im Mörser mahlen. Die ebenso dünn parallel zu den Fasern geschnittene Ingwerknolle hinzufügen, das Ganze noch einmal durchmischen und in einen Mixbecher geben. Die gemahlenen Gewürze, Chilischoten, Knoblauch, Schalotten und Limettenschalenabrieb hinzufügen und zu einer glatten Paste pürieren.
- Die restlichen für die Zubereitung des Currys notwendigen Zutaten vorbereiten. Vom Brokkoli die Röschen abschneiden und die größeren der Länge nach halbieren, den Strunk schälen und würfeln, die Aubergine ebenfalls würfeln. Bohnen in kleine Stücke schneiden, ein Stück Chilischote hacken.
- Das Curry vorbereiten. Eine halbe Tasse der dicken, fettreichen oberen Schicht der Kokosmilch in eine große Bratpfanne geben. Bei mittlerer Hitze die Kokosmilch vier bis sechs Minuten lang erhitzen – die entstehende Creme sollte aufbrühen, das Wasser verdampfen, und in der Pfanne sollten dickflüssige, einzelne Fettbläschen entstehen. Die Currypaste zu dem Fett dazugeben und unter leichtem Rühren drei bis vier Minuten braten.
- Zu der gebratenen Currypaste noch einen weiteren Esslöffel dicke Kokosmilch unter ständigem Rühren hinzufügen und leicht mitbraten. Wenn am Boden der Pfanne Wasser zu sehen ist, keines mehr dazugeben, sondern die Paste mit Kokosmilch so köcheln lassen. ➔

- Zu der in der Pfanne zubereiteten dicken Soße Aubergine, Kaffirlimettenblätter und eine große Prise Salz hinzufügen und alles drei bis vier Minuten lang braten. Dann den verbleibenden flüssigen Doseninhalt der Kokosmilch, eine weitere ganze Dose Kokosmilch und das Kokoswasser hinzufügen. Zum Kochen bringen und zwei Minuten lang kochen lassen.
- Den Brokkoli mit in die Pfanne geben. Zwei Minuten kochen, dann die Spargelbohnen dazugeben und noch eine Minute kochen lassen.
- Ganz zum Schluss Thai-Basilikum und Chili in das Curry geben, gründlich umrühren und nach und nach Sojasoße, Limettensaft und Zucker hinzufügen. Dies ist ein sehr wichtiger Moment, in dem du versuchen musst, selbst das richtige Gleichgewicht zu finden, gegebenenfalls, indem du größere Mengen der jeweiligen Zutat hinzufügst. Es sollte angemessen salzig, süß und dank der Limette leicht erfrischend sein. Das fertige Curry mit Reis servieren.

Um gutes Curry zuzubereiten, ist eine hochwertige Currypaste das Wichtigste. Dafür ist es empfehlenswert, alles so gut wie möglich zu zerkleinern – deshalb gibt man zuerst die harten Zutaten in den Mörser und erst, wenn alles richtig gestampft ist, die Paste in den Mixer. Die größte Herausforderung ist das Zitronengras, weshalb es sich empfiehlt, es in möglichst dünne Scheiben zu schneiden und mit Salz zu zerkleinern. So wird es deutlich weicher. Nachdem die Schalotten und Chilischoten hinzugefügt wurden, wird die Paste feucht und wässrig, was für den Mixer kein Hindernis darstellt. Deshalb endet hiermit der gesamte Prozess. Traditionell wird dann das Ganze in einem großen Steinmörser zerkleinert, aber dies erfordert viel Kraft, Geschicklichkeit und Geduld – wenn du genug davon hast, kannst du es versuchen. Auch wenn du weder Mörser noch Mühle, sondern nur einen Mixer hast, gelingt dir das Curry. Dann sei aber beim Zerkleinern und Mixen sehr genau. Solltest du dich über die Tatsache wundern, dass hier auch von Kokoswasser, das in Rezepten für grünes Curry selten vorkommt, die Rede ist, kann ich dir sagen, dass es hilft, den Geschmack des Gerichts richtig auszubalancieren. Erstens, weil ursprünglich grünes Curry mit Kokoscreme und frischer Kokosmilch zubereitet wird, die nicht so fade und dickflüssig ist wie die aus der Dose. Zweitens, weil die Fischsoße, die zum Curry hinzugegeben wird, effektiv dem faden Aroma der Milch entgegenwirkt. Kokoswasser löst beide Probleme, da es flüssig und leicht sauer ist. Es ist auch nützlich, wenn du das Curry am nächsten Tag aufwärmen willst – füge einfach ein paar Löffel hinzu und stelle dabei sicher, dass das Curry trotzdem noch dickflüssig genug ist.

MASSAMAN-CURRY MIT KARTOFFELN

Massaman-Curry, wörtlich muslimisches Curry, wird oft als die thailändische Interpretation der iranischen Küche bezeichnet, weil die Currypaste typische Gewürze der nahöstlichen Küche verwendet und man es wie andere thailändische Currys zubereitet. Eine Legende besagt, dass dieses Gericht eine persische Prinzessin zubereitet habe, die einen thailändischen Prinzen dazu bringen wollte, sich in sie zu verlieben. Niemand weiß, ob das wahr ist, aber sicher ist, dass es Appetit auf mehr macht und man sein Herz daran verlieren kann.

FÜR VIER BIS SECHS PORTIONEN

PASTE

1 TL	Koriandersamen
1 TL	Kreuzkümmel
½ TL	Pfefferkörner
2	Kardamomkapseln
½	Zimtstange
½	Anisstern
1	halbierte Schalotte
2	Knoblauchzehen
¼ TL	Muskatnuss
1 Stängel	Zitronengras
½ TL	Salz
3 EL	Sambal Oelek

CURRY

200 g	Austernpilze
3–4 EL	Bratöl
¼ Tasse	Erdnüsse
300 g	Kartoffeln
3	Schalotten
1 Dose	Kokosmilch
¼ Tasse	Orangensaft
1 EL	Sojasoße
½–1 EL	Limettensaft
1–2 TL	Zucker

ZUBEREITUNG

- Eine kleine Pfanne ohne Fett erhitzen und die Gewürze nacheinander rösten (bis auf die Muskatnuss), bis sie intensiv duften. Danach Schalotten und Knoblauch in derselben trockenen Pfanne rösten.
- Alle Gewürze (samt Muskatnuss) in einer Mühle oder einem Mörser gründlich zu Pulver mahlen und in eine Schüssel geben. Zitronengras in sehr dünne Scheiben schneiden, zusammen mit Salz in den Mörser geben, mörsern und in einen Mixbecher geben, Schalotte, Knoblauch und zuvor gemahlene Gewürze hinzufügen und mixen. Sambal hinzufügen und alles glatt mischen.
- Austernpilze in kleine Stücke hacken und in einer großen Bratpfanne Öl stark erhitzen. Die gehackten Pilze hineingeben, dabei nicht umrühren, und drei Minuten anbraten. Danach umrühren, weitere zwei Minuten braten und die Austernpilze aus der Pfanne nehmen.
- Kartoffel schälen und in Würfel schneiden, Schalotten längs achteln. In die Pfanne mehr Öl gießen und stark erhitzen, dann die Nüsse hinzufügen. Eine Minute braten, dann die Currypaste hineingeben und weitere zwei bis drei Minuten braten, bis sie intensiv riecht und blubbert. Kartoffeln und Schalotten hinzufügen und unter Rühren drei bis vier Minuten lang braten.
- Die zuvor gebratenen Austernpilze hinzufügen und danach die Kokosmilch unter ständigem Rühren zugeben. Zwei bis drei Minuten braten, dann Orangensaft, Sojasoße, Limettensaft und Zucker hinzufügen und alles bei starker Hitze acht bis zehn Minuten kochen, bis die Kartoffeln weich werden. Mit Lieblingsreis servieren.

> Traditionell verwendet man für Curry keine Sambalsoße, sondern große getrocknete Chilischoten, die in heißem Wasser eingeweicht und dann zu einer Paste gerieben werden. Der Einfachheit halber habe ich Sambal genommen. Bevor du dieses Curry zubereitest, kannst du auch einen Blick auf die Tipps zur Zubereitung einer selbst gemachten Paste werfen, du findest sie auf der vorherigen Seite.

MAPO TOFU MIT PILZEN

Ich hatte mir mein Ehrenwort gegeben, mich von Tofu-Rezepten fernzuhalten. Doch weil ich in Korea andauernd dieses Gericht aß, wusste ich, dass es mir schwerfallen würde, mich an diesen Vorsatz zu halten. Und so kam es auch. Ich gab auf, als ich Mapo Tofu nach Danny Bowien von der legendären Mission Chinese Food in San Francisco zu probieren bekam. Jedenfalls widme ich dieses Gericht all jenen, die Angst haben, dass die pflanzliche Küche etwas für Weicheier wäre, und all jenen, die nicht glauben, dass Tofu lecker sein könne.

ZUTATEN FÜR VIER BIS FÜNF PORTIONEN

SOSSE

15 getrocknete Shiitake-Pilze
1 ½ Tassen heißes Wasser
4 EL Sojasoße
3 EL Misopaste
2 EL Gurkenwasser oder Reisessig
2 EL Gochugaru-Chilipulver
3 EL Tomatenmark

AUSSERDEM

⅓ Tasse Bratöl
10 Knoblauchzehen
1 Anisstern
1 Stück Ingwerknolle, ca. 3 cm
1 TL gerösteter, gemahlener Szechuanpfeffer
1 Tasse Wasser
4 zu Pulver gemahlene getrocknete Shiitake-Pilze
½ TL Rohrzucker
¼ TL Salz
540 g Tofu (3 Blöcke)
1 TL Salz

ZUBEREITUNG

- Shiitake-Pilze mit heißem Wasser übergießen, Sojasoße hinzufügen und die Pilze mit etwas Schwerem abdecken, um sicherzustellen, dass sie vollständig von der Flüssigkeit bedeckt sind. Für mindestens 30 Minuten beiseitestellen.
- Die eingeweichten Pilze abgießen, dabei die Flüssigkeit auffangen. Die Shiitake-Pilze im Bechermixer mit kurzer Klinge in kleine Stücke zerkleinern, in eine Schüssel geben, das übrig gebliebene Wasser und die restlichen Soßenzutaten hinzufügen. Gründlich umrühren und beiseitestellen.
- Knoblauch und Ingwerknolle hacken. In einem großen Topf Öl erhitzen und Knoblauch, Ingwerknolle, Anisstern und Szechuanpfeffer hineingeben. Eine Minute braten, dann die vorbereitete Soße hineingießen und alle weiteren Zutaten außer dem Tofu hinzufügen. Bei schwacher Hitze 15–20 Minuten kochen lassen.
- Währenddessen Wasser mit Salz in einem kleinen Topf zum Kochen bringen, Tofu würfeln und hineingeben. Eine Minute kochen, abgießen und zum Eintopf dazugeben. Kurz umrühren und mit Schnittlauch, ein wenig Koriander und einer Prise Szechuanpfeffer bestreut servieren. Schmeckt am besten mit einer großen Portion Reis und noch leckerer am nächsten Tag.

Ursprünglich wird dieses Gericht im Wok zubereitet. Dazu gehören viele Zutaten, die hierzulande nicht erhältlich sind, zum Beispiel Doubanjiang-Paste oder Paste aus fermentierten schwarzen Bohnen. Deshalb bereite ich sie in Form eines etwas länger gekochten Eintopfs zu, und statt schwer erhältlicher Pasten verwende ich Misopaste und etwas Wasser aus eingelegten Gurken. Frei nach dem polnischen Sprichwort: *Ihr lobt das Fremde, aber das Eigene kennt ihr nicht.*

KUNG-PAO-SELLERIE

Kung Pao ist ein Wok-Gericht aus der chinesischen Provinz Sichuan. Seine Einzigartigkeit liegt darin, dass Szechuan-Pfeffer, Zucker und Erdnüsse zugegeben werden, was dem Gericht seinen charakteristischen süßlich-würzigen Geschmack mit einem starken Nussaroma verleiht. In traditionellen Restaurants wird dazu Huhn serviert, aber in Singapur servieren chinesische Buddhisten in vegetarischen Lokalen auf diese Weise zubereitete Auberginen, Süßkartoffeln und Kürbisse. Ich habe beschlossen, altbewährten Sellerie hinzuzufügen, der bekanntlich sehr intensiv die fünfte Geschmacksrichtung freisetzt, und es war das beste Kung Pao, das ich je gegessen habe.

ZUTATEN FÜR ZWEI BIS VIER PORTIONEN

500 g Sellerieknolle
Bratöl
1 Tasse Wasser
2 EL Sojasoße
¼ Tasse Erdnüsse
Bratöl
2 Knoblauchzehen
1 Stück Ingwerknolle, ca. 3 cm
1 entkernte Chilischote
1 TL gerösteter, gemahlener Szechuanpfeffer
½ rote Paprika
½ Stange Lauch mit dunklen Blättern
½ Bund Frühlingszwiebeln

SOSSE

2 EL Sojasoße
2 EL Reisessig
2 TL Sesamöl
2 TL Rohrzucker
2 TL Mais- oder Kartoffelstärke

ZUM SERVIEREN

Lieblingsreissorte

ZUBEREITUNG

- Sellerie schälen und in gleichmäßige, ein bis zwei Zentimeter dicke Würfel schneiden. Öl in einer Pfanne erhitzen, den Sellerie hineingeben und bei großer Hitze zwei bis drei Minuten braten, ohne dabei umzurühren. Erst danach umrühren und weitere zwei bis drei Minuten braten – dadurch wird der Sellerie leicht goldbraun und deutlich süßer.
- Anschließend Wasser und Sojasoße in die Pfanne gießen und einen Deckel darauflegen. Sechs bis zehn Minuten kochen, bis der Sellerie weich ist.
- Währenddessen alle Zutaten der Soße verrühren und beiseitestellen. Paprika in dicke Würfel, Lauch in Scheiben schneiden, Knoblauch, Ingwerknolle und Chili hacken.
- Den gekochten Sellerie abgießen, die Pfanne mit einem Papiertuch abwischen und erneut Öl darin erhitzen. Erdnüsse dazugeben und eine Minute braten, dann Knoblauch, Chilischoten, Ingwerknolle und Szechuan-Pfeffer hinzufügen. 30 Sekunden braten, dann Paprika und Lauch dazugeben und weitere zwei bis drei Minuten braten.
- Den Sellerie hinzugeben, die Soße hineingießen und zwei bis drei Minuten auf höchster Stufe unter ständigem Rühren anbraten, damit die Flüssigkeit so schnell wie möglich verdampft und sich die Soße mit dem Sellerie verbindet.
- Zum Schluss Schnittlauch klein schneiden, hinzufügen, ein letztes Mal unterrühren und den heißen Sellerie mit Reis servieren.

> Um dem Gericht einen möglichst ausgeprägten Geschmack zu verleihen, verwende möglichst eine große Pfanne und stelle sie auf die größte Herdplatte. Stir-Fry-Gerichte werden am besten intensiv und schnell gebraten.

PFANNKUCHEN
MIT KIMCHI

In der Regel versuche ich nicht, jemanden zu irgendetwas zu überreden oder von irgendetwas zu überzeugen, aber für Kimchi, also das koreanische scharfe Sauerkraut, muss ich einfach eine Ausnahme machen – deshalb ermutige ich dich an vielen Stellen in diesem Buch dazu, dein eigenes Kimchi zuzubereiten. Die Zubereitung ist ein Kinderspiel (S. 261), und fertiges Kimchi lässt sich mehrere Wochen oder sogar Monate im Kühlschrank aufbewahren. Damit lassen sich so einfache und köstliche Gerichte wie meine geliebte Kimchi-Suppe (S. 145) oder Pfannkuchen mit Kimchi machen, deren Zubereitung weniger als zehn Minuten dauert.

ZUTATEN FÜR EINEN GROSSEN ODER ZWEI KLEINERE PFANNKUCHEN

1 Tasse Kimchi (S. 261)
¼ Tasse Saft von Kimchi
¼ Bund Schnittlauch
½ TL Salz
½ TL beliebiger Zucker

½ Tasse Weizenmehl
2–3 EL Wasser
Bratöl

ZUM SERVIEREN

Frühlingszwiebeln und Sesam

ZUBEREITUNG

- Eine Portion selbst gemachtes Kimchi abtropfen lassen, um eine Tasse des eingelegten Kohls zu erhalten, dabei eine viertel Tasse des Kimchi-Safts abnehmen. Das abgemessene Kimchi in kleinere Stücke hacken und in eine Schüssel geben. Kimchi-Saft, Schnittlauch, Salz und Zucker hinzufügen und alles miteinander verrühren.
- Mehl und Wasser dazugeben und mit einem Löffel zu einem dicken Pfannkuchenteig verrühren.
- Einige Esslöffel Öl in einer Pfanne erhitzen. Den Teig hineingießen und von einer Seite drei bis vier Minuten braten, dann wenden und von der anderen Seite braten. Die Pfannkuchen heiß oder kalt essen, mit Schnittlauch und Sesam bestreuen.

Wenn du ein echtes koreanisches Festmahl zubereiten willst, empfiehlt es sich, einen großen Pfannkuchen auf einen gemeinsamen Teller zu legen und ein Messer bereitzulegen – dann kann sich jeder so viel davon abschneiden, wie er möchte.

KOHL AUS KERALA

Kerala ist eine Region in Südindien, die für ihre köstliche, außergewöhnlich intensiv gewürzte Küche bekannt ist. Hier werden bis heute die meisten indischen Gewürze angebaut, und hier verwandelt sich gewöhnlicher Kohl in ein leicht pikantes Gericht.

ZUTATEN FÜR ZWEI PORTIONEN

PASTE

1 Tasse Kokosraspel
1 TL gemahlener Kreuzkümmel
¼ TL Chili/Cayennepfeffer
¼ TL gemahlene Kurkuma
1–2 EL heißes Wasser

AUSSERDEM

250 g Kohl

½ Zwiebel
1 kleine Knoblauchzehe
½ entkernte Chilischote
½ TL schwarze Senfkörner
1 Stück Ingwerknolle, ca. 3 cm
2–3 EL Kokosöl, am besten kalt gepresst

20 getrocknete Curryblätter

½ Tasse Wasser
1–2 Prisen Salz

ZUM SERVIEREN

1 Handvoll Kokosraspel und gekochter Reis

ZUBEREITUNG

- Alle für die Paste bestimmten Zutaten in einem Mixbecher pürieren und beiseitestellen.
- Den Kohl in dünne Streifen schneiden. Zwiebel, Knoblauch, Chilischote und Ingwerknolle hacken. Kokosöl in einer Pfanne erhitzen, gehackte Zwiebel, Knoblauch, Chilischote und Ingwerknolle mit Senfkörnern dazugeben. Zwei bis drei Minuten braten, bis ein intensiver Duft wahrzunehmen ist.
- Wenn alles richtig angebraten ist, Curryblätter hinzufügen, umrühren und den Kohl hineingeben. Kurz mischen, dann die vorbereitete Paste dazugeben und alles fünf bis sieben Minuten lang braten.
- Anschließend Wasser mit einer großen Prise Salz dazugeben und bei schwacher Hitze kochen, bis das gesamte Wasser verdampft ist. Den fertigen Kohl mit der Portion Kokosraspel obendrauf und mit gekochtem weißen Reis servieren.

> Kokosöl ist eine wesentliche Zutat in diesem Rezept, weil es dem Gericht einen kokosartigen, tiefen, süßlichen Geschmack verleiht. Deswegen empfiehlt es sich, nicht darauf zu verzichten.

ROTE-BETE-CURRY

Dieses Curry war eines der überraschendsten Gerichte, die ich auf meinen Reisen gekostet habe. Die Singhalesen (Bewohner Sri Lankas) erwiesen sich als wahre Meister in der Zubereitung von Roter Bete – sie kombinieren sie mit Zimtstangen, Senfkörnern und Bockshornkleesamen. Und wie sich herausstellte, schmeckt Rote Bete, kombiniert mit diesen Gewürzen, sogar noch besser als in meiner geliebten Kokoscreme.

ZUTATEN FÜR ZWEI BIS VIER PORTIONEN

600 g Rote Bete

1 Zwiebel
1 TL schwarze Senfkörner
1 Zimtstange
½ entkernte Chilischote
Bratöl

⅓ TL in einer Kaffeemühle gemahlene Bockshornkleesamen
⅓ TL in einer Kaffeemühle gemahlene Koriandersamen
10 getrocknete Curryblätter

1 Dose Kokosmilch
¼ Tasse Wasser
Salz

ZUM SERVIEREN

1–2 EL Limettensaft und
Lieblingsreis

ZUBEREITUNG

- Rote Bete schälen und in streichholzförmige Stifte schneiden. Zwiebel würfeln, Chilischote hacken.
- Öl in einer großen Bratpfanne oder einem Topf erhitzen und Zwiebeln, Chili, Zimtstangen und Senfkörner hineingeben. Ein bis zwei Minuten braten, anschließend gemahlenen Bockshornklee, Koriander und Curryblätter dazugeben und 30 Sekunden mitbraten, nochmals umrühren und die geschnittene Rote Bete hineingeben.
- Alles vermischen und ein bis zwei Minuten braten. Dann Kokosmilch und Wasser hinzufügen und eine großzügige Prise Salz dazugeben. Zugedeckt 20–35 Minuten kochen lassen.
- Sobald die Rote Bete weich ist, Limettensaft unterrühren. Mit Reis und auch mit eventuell vom Dal übriggebliebenen Kokos-Sambal (S. 61) servieren.

> Die große Spanne bei der Kochzeit der Roten Bete ist darauf zurückzuführen, dass alte Rüben länger und junge Rüben deutlich kürzer kochen.

FALAFEL AUF INDISCHE ART

Vor einigen Jahren hat Falafel alle Bars, Restaurants und Blogs mit pflanzlicher Küche erobert. Allerdings findet man Frikadellen, die aus rohen, in Wasser eingeweichten Hülsenfrüchten zubereitet werden, nicht nur im Nahen Osten. Ein sehr ähnliches Gericht ist der König der Straßen in Südindien und heißt Masala Vada. Sie werden aus eingeweichten Erbsenhälften zubereitet und unterscheiden sich auch in den weiteren Zutaten und Gewürzen. Wenn dir also Falafel langweilig geworden ist, probiere die neue indische Version aus.

ZUTATEN FÜR ZWÖLF BIS VIERZEHN FRIKADELLEN

1 Tasse über Nacht eingeweichte halbe Erbsen

½ TL Fenchelsamen
½ Zimtstange
¼ TL Koriandersamen
¼ TL Kreuzkümmelsamen
1 entkernte Chilischote
1 TL Salz

1 Zwiebel
¼ Bund Koriander
10 getrocknete Curryblätter
Bratöl

ZUBEREITUNG

- Eingeweichte Erbsen abtropfen lassen, eine viertel Tasse Erbsen beiseitestellen und den Rest mit einem Mixer zu einer Paste zerkleinern. In eine Schüssel geben und die restlichen, nicht gemahlenen Erbsen hinzufügen.
- Alle Gewürze in einer Kaffeemühle mahlen oder in einem Mörser zerkleinern. Zwiebel in große Würfel schneiden, Curryblätter und Koriander grob hacken. Die so vorbereiteten Zutaten zu den Erbsen geben und daraus eine Falafelmasse kneten. Prüfen, ob die Masse die richtige Konsistenz hat: Sie soll ihre Form behalten, wenn man sie in der Hand zusammendrückt. Luftdicht verschließen, zum Beispiel in einer Dose oder eingewickelt in Wachspapier, und für mindestens eine halbe Stunde oder länger in den Kühlschrank stellen.
- Wenn die Masse abgekühlt ist, reichlich Öl in einer Pfanne erhitzen. Kleine Frikadellen formen, fest zusammendrücken und in die Pfanne geben. Von jeder Seite zwei bis drei Minuten braten, heiß mit Lieblingssoße oder frischem Gemüse servieren.

> Dank der Tatsache, dass für die Zubereitung der Frikadellen Erbsen und nicht, wie bei arabischen Falafeln, Kichererbsen verwendet werden, lässt sich die Masse mit jedem beliebigen Mixer zerkleinern. Bedenke jedoch, dass die Masse nicht zu glatt sein darf – sie sollte dicken Krümeln ähneln, aber nicht einer feinen Paste. Je dicker du die Zwiebel schneidest, desto besser; denn beim Braten wird sie so besser karamellisiert und erhält eine wunderbare Süße.

CURRY FÜR EWIG HUNGRIGE

Mein Freund ist ebenfalls Veganer und betreibt zusätzlich Extrem-Radsport. Praktisch bedeutet dies, dass er ständig Hunger hat und im Handumdrehen drei Teller Suppe und zwei Hauptspeisen verschlingt. Um das Risiko zu vermeiden, dass er vom Mittagessen nicht satt wird oder auf einmal den ganzen Topf Suppe aufisst, habe ich für ihn ein Curry kreiert, nach dem er nie hungrig ist und das sich so einfach und schnell zubereiten lässt, dass er imstande ist, es zwischen der Arbeit und dem nächsten Training problemlos selbst zuzubereiten.

ZUTATEN FÜR VIER BIS SECHS PORTIONEN

2 TL Koriandersamen
2 ½ TL Kreuzkümmelsamen
½ TL schwarze Pfefferkörner
1 ½ Zimtstangen
4 Nelken
2 Lorbeerblätter

Bratöl

3 Dosen Kichererbsen (2 ¾ Tassen trockene Kichererbsen, eingeweicht und gekocht)
1 Zwiebel
1 Stück Ingwerknolle, ca. 3 cm
½ entkernte Chilischote

1 Dose gehackte Tomaten
1 ½ Tassen Wasser
1 TL gemahlene Kurkuma
1 ½ TL Salz
1 TL Rohrzucker

ZUM SERVIEREN

Reis oder Grütze deiner Wahl
frischer Koriander

ZUBEREITUNG

- Eine Pfanne erhitzen, alle Gewürze mit Ausnahme der Kreuzkümmelsamen hineingeben und circa 30 Sekunden lang kräftig anrösten. Anschließend alles in einer Mühle zu feinem Pulver mahlen. Zwiebel, Ingwerknolle und Chilischote hacken.
- In einem großen Topf Öl erhitzen, Kreuzkümmelsamen hinzufügen und 30 Sekunden braten. Abgetropfte Kichererbsen, Zwiebel, Ingwer und Chilischote dazugeben und fünf Minuten schmoren lassen, bis die Zwiebel goldbraun ist.
- Die gemahlenen Gewürze dazugeben, unter Rühren eine Minute lang anbraten und dann alle anderen Zutaten hinzufügen. Zudecken und zehn bis zwölf Minuten kochen lassen.
- Fertiges Curry mit Reis oder Grütze und mit reichlich Korianderblättern bestreut servieren.

Um die Zubereitung dieses Gerichts zu erleichtern, empfiehlt es sich, gleich eine größere Menge Gewürze anzurösten und zu mahlen, um eine Gewürzmischung daraus herzustellen, die dann in einem Glas luftdicht aufbewahrt wird. Für eine Menge wie hier brauchst du eineinhalb Esslöffel der fertigen Mischung.

BOHNEN AUS PUERTO RICO

Eintopfgerichte mit Kidneybohnen, wie das mexikanische Sin-Carne-Chili, werden von vielen Vegetariern und Veganern geliebt. Sie erfordern nicht viel Arbeit, man kann schnell davon satt werden und gleichzeitig auch noch das Mittagessen für die nächsten paar Tage zubereiten.

ZUTATEN FÜR SECHS BIS ACHT PORTIONEN

2	Zwiebeln
1	grüne Paprika
1	rote Paprika
2	Knoblauchzehen
¼ Tasse	grüne Oliven
1 Bund	Koriander
1 EL	Kapern
	Bratöl
1 TL	geräucherter Paprika
1 TL	gemahlener Kreuzkümmel
1 TL	gemahlener Koriander
1 TL	getrockneter Oregano
2 Dosen	Kidneybohnen (1 ½ Tassen trockene Bohnen, eingeweicht und gekocht)
1 Dose	gehackte Tomaten
½ Tasse	Wasser
	Salz und schwarzer Pfeffer

ZUM SERVIEREN

Lieblingsreis

ZUBEREITUNG

- Zwiebeln in sehr feine, Paprika in weniger feine Würfel schneiden, Knoblauch hacken, Oliven in Scheiben schneiden und von einem Bund Koriander die Stiele abschneiden und die Blätter ebenfalls fein schneiden. Die Korianderblätter aufbewahren, um sie am Ende zum fertigen Gericht zu servieren.
- In einem großen Topf Öl erhitzen, das vorbereitete Gemüse hineingeben und fünf bis acht Minuten braten.
- Alle Gewürze dazugeben, eine Minute unter ständigem Rühren anbraten und dann die restlichen Zutaten hinzufügen. Zudecken und 15 Minuten kochen lassen, zum Schluss mit Salz und schwarzem Pfeffer abschmecken und mit frischem Koriander sowie Reis servieren.

> Dies ist eines der Gerichte, die ich in zwei Hälften teile, wovon ich eine während der nächsten zwei oder drei Tage esse, während ich die andere für schlechte Zeiten einfriere.

TOMATEN-GUGELHUPF

RUMKUGELN AUS KICHERERBSEN

EARL-GREY-KÜRBISKUCHEN

UKRAINISCHES HALVA

ITALIENISCHER ZUCCHINIKUCHEN

SIZILIANISCHER WEISSER PUDDING

MAGISCHE MOUSSE AU CHOCOLAT

STICKY RICE MIT BIRNE

MAISPUDDING

BIRNEN MIT THAI-BASILIKUM

ANKO

EIS MIT ERDNUSSBUTTER UND CURRY

NACH-
TISCH

TOMATEN-GUGELHUPF

In den USA wird Karottenkuchen gebacken, in Kanada feiern Süßkartoffeldesserts Triumphe, und in der Türkei hat Spinatkuchen das Internet erobert. Als Antwort auf diese Hits beschloss ich, Tomatenbrot zuzubereiten, das ich dir letzten Sommer in meinem Blog präsentiert habe. Es wurde schnell zu einem der beliebtesten Kuchenrezepte, deshalb möchte ich dir hier ein noch köstlicheres und beliebteres Rezept für einen Tomatenguglhupf vorstellen. Die Tomaten sorgen nicht nur für eine ungewöhnliche Farbe und ein angenehmes Aroma, sondern bewirken auch, dass der Kuchen wunderbar aufgeht und selbst angehenden Bäckerinnen und Bäckern gelingt.

ZUTATEN FÜR EINE GUGLHUPFFORM

1–2 Prisen Safranfäden

1 Tasse gehackte Dosentomaten
1 Banane
½ Tasse Bratöl
½ Tasse Zucker
2 TL geriebene Orangenschale

2 Tassen Weizenmehl
1 TL Natron
½ TL Backpulver
½ TL Salz

AUSSERDEM

Öl
Paniermehl
Puderzucker

ZUBEREITUNG

- Safran in eine Tasse geben und einen Esslöffel kochendes Wasser darübergießen. Den Ofen auf 180 °C vorheizen. In einen Standmixer eine Tasse Dosentomaten, eine Banane, Öl, Zucker und Orangenschale geben und zu einer glatten, dicken Creme verarbeiten. Das Wasser mit dem aufgelösten Safran dazugeben und erneut mixen.
- In einer separaten Schüssel Mehl, Natron, Backpulver und Salz gründlich mischen. Die Tomaten-Bananen-Mischung hineingeben und kurz verrühren.
- Eine Guglhupfform mit Öl fetten und mit reichlich Paniermehl bestreuen. Den Teig hineingeben und in den heißen Ofen schieben. 50–55 Minuten goldbraun backen. Danach abkühlen lassen und mit Puderzucker bestreuen.

Kannst du dich noch an Seite 35 erinnern? Eine Tasse Tomaten (250 Milliliter) entspricht nicht einer Dose Tomaten. Miss deshalb die entsprechende Menge am besten mit einem Messbecher oder einer Tasse ab. Gemeint sind gehackte Tomaten aber nicht Tomatenmark. Letzteres hat nämlich einen viel intensiveren Geschmack. Wenn du zudem keinen Safran zur Hand hast, füge einfach eine große Prise Ingwer hinzu, denn scharfe Gewürze passen immer zu Tomatenkuchen.

RUMKUGELN AUS KICHERERBSEN

Rumkugeln, in Posen Rumbomben genannt, sind eines der am wenigsten angesehenen Desserts, was womöglich daran liegt, dass sie nur aus Krümeln und Süßwarenresten bestehen, die mit einer großen Menge Rum, Kakao und Zucker gewürzt werden, um nicht erkannt zu werden. Etwas völlig anderes sind da Rumkugeln aus Kichererbsen und Datteln!

ZUTATEN FÜR ACHT BIS ZEHN RUMKUGELN

10 getrocknete Datteln, entkernt
½ Tasse Rum oder anderer hochprozentiger Alkohol deiner Wahl

1 Dose Kichererbsen (¾ Tasse trockene Kichererbsen, eingeweicht und gekocht)

2 EL Kakaopulver
1 Prise Salz

2 EL Erdnussbutter

GLASUR

½ Tafel Bitterschokolade
1 ½ EL Öl, am besten Reis-, Kokos- oder Traubenöl

ZUM BESTREUEN

Kokosraspel, gehackte Erdnüsse, Zimt, Chilipulver oder andere Lieblingszutaten

ZUBEREITUNG

- Datteln in einem kleinen Topf mit Rum übergießen. Bei Bedarf etwas Wasser hinzufügen, sodass sie vollständig bedeckt sind. Den Topf zudecken und die Datteln fünf bis sieben Minuten lang kochen lassen, bis sie die gesamte Flüssigkeit aufgenommen haben.
- Währenddessen die Kichererbsen abtropfen lassen und die Flüssigkeit auffangen – daraus gelingt dir noch Mousse au Chocolat (S. 215). Die abgeseihten Kichererbsen in einen Mixbecher geben und zu einer stückigen Masse pürieren. Kakao, Erdnussbutter und Salz zur Mischung hinzufügen und erneut mischen.
- Die gekochten Datteln zu der Mischung geben und alles zu einer klebrigen Paste mixen. Die Hände mit Öl einreiben und Kugeln formen. Wenn du einen Moment Zeit hast, die Masse für ein paar Minuten in den Kühlschrank stellen – so lassen sich die Kugeln einfacher formen.
- Wenn alle Kugeln fertig sind, in einem Topf mit Öl die Schokolade zum Schmelzen bringen, jede Kugel mit der Glasur überziehen und zuletzt mit deinen Lieblingszutaten bestreuen. Sie lassen sich bis zu einem Monat im Kühlschrank aufbewahren.

Wenn du keinen Alkohol hinzufügen möchtest, koche die Datteln in einem starken Tee auf und füge einen Teelöffel Rumaroma oder Vanilleextrakt hinzu. Falls die Masse zu dünnflüssig ist, stelle sie für mindestens eine halbe Stunde in den Kühlschrank, wenn sie zu dickflüssig ist, füge ein oder zwei Esslöffel Wasser hinzu.

EARL-GREY-KÜRBISKUCHEN

Kuchen, Gugelhupfe, Brote und andere Kürbisgebäcke stehen wahrlich nicht unter einem guten Stern. Vor vielen Jahren dachte sich wohl jemand, es wäre am besten, sie mit Zimt, Ingwer sowie Kardamom zu würzen, und so ist es geblieben. Dabei schmeckt der süße, weiche Kürbiskuchen unglaublich gut, wenn er mit Curry, geriebenem Wacholder oder gutem Earl-Grey-Tee gewürzt wird, was dem Kuchen nicht nur eine angenehme, tiefe Bitterkeit, sondern auch ein zartes, blumiges Aroma verleiht.

ZUTATEN FÜR ZWEI KLEINE KASTENFORMEN ODER EINE GROSSE

2 Tassen Weizenmehl
1 TL Backpulver
½ TL Natron
⅓ TL Salz

1 Tasse Kürbispüree
¾ Tasse Rohrzucker
½ Tasse Bratöl
⅓ Tasse starker Earl-Grey-Tee
2 EL Apfel- oder Weinessig

ZUM SERVIEREN

Puderzucker oder Zuckerglasur (optional)

ZUBEREITUNG

- Den Ofen auf 180 °C (Ober-/Unterhitze) vorheizen. Alle trockenen Zutaten in einer großen Schüssel vermengen. In einem Standmixer alle feuchten Zutaten zu einer dicken, glatten Masse verarbeiten.
- Zu den trockenen Zutaten die feuchten hinzufügen und mit einem Spatel zu einem glatten Teig verrühren – nur so lange, bis sich die Zutaten vermischt haben.
- Die fertige Mischung in eine mit Backpapier ausgelegte Kastenform geben, in den Ofen schieben und backen, bis keine Teigreste mehr an einem hineingesteckten Holzstäbchen kleben bleiben, das heißt 50–60 Minuten. Mit Zuckerglasur oder Puderzucker und Lieblingstee servieren. Besonders gut schmeckt der Kuchen auch mit altbewährtem schwarzen Tee mit Milch.

Nicht vergessen: Das Rezept für Kürbispüree wartet auf Seite 262 auf dich. Wenn du zu Hause keinen Earl-Grey-Tee hast, verwende einfachen schwarzen Tee. Du kannst den Tee sogar durch pflanzliche Milch ersetzen. Außerdem lassen sich zum Teig Zitronenschale und Mohn oder gemahlener Pfeffer und Vanillesamen oder geröstete Sonnenblumenkerne und Cranberrys hinzufügen – all diese Zutaten machen den Kuchen interessanter als Ingwer und Zimt.

UKRAINISCHES HALVA
MIT SONNENBLUMENKERNEN

Über die Bedeutung von Sonnenblumenkernen in der Ukraine habe ich bereits in meinem vorherigen Buch anlässlich des Sonnenblumenkern-Aufstrichs geschrieben. Aber ich habe damals noch nicht erwähnt, dass unsere östlichen Nachbarn aus Sonnenblumenkernen eine Menge köstlicher Süßigkeiten herstellen – knusprige Riegel, Schokolade und mein geliebtes Sonnenblumenhalva. Es ist köstlich wie israelisches Halva und „billig wie der sprichwörtliche Borschtsch"[1].

ZUTATEN FÜR EIN KLEINES RECHTECKIGES BEHÄLTNIS

1 ½ Tassen Sonnenblumenkerne

¼ Tasse Rohrzucker
3 EL Wasser
1 EL Bratöl
1 TL Vanilleextrakt
¼ TL Salz

ZUBEREITUNG

- Eine große Bratpfanne ohne Fett erhitzen, Sonnenblumenkerne hineingeben und zwei bis drei Minuten oder so lange rösten, bis sie intensiv zu riechen beginnen und goldbraun werden.
- Die gerösteten Sonnenblumenkerne auf einen Teller geben und eine Viertelstunde abkühlen lassen. In der Zwischenzeit alle restlichen Zutaten in einem mittelgroßen Topf erhitzen, bis sich der Zucker aufgelöst hat.
- Die gerösteten Sonnenblumenkerne in einen Mixbecher geben und zu einem feinen Pulver mixen. Den Zuckersirup dazugießen und erneut mixen, bis eine formbare Masse entsteht.
- Die Masse in ein möglichst rechteckiges Behältnis geben und in den Kühlschrank stellen. Nach dem Abkühlen in Stücke schneiden und essen. Nicht länger als einen Monat lang im Kühlschrank aufbewahren.

Es lohnt sich, zum Halva statt Vanille einen großen Löffel Kakaopulver, eine Prise Zimt oder einfach Lebkuchengewürz hinzuzugeben. Außerdem kann man den Zucker und das Wasser durch einen beliebigen flüssigen Sirup in der gleichen Menge ersetzen – Dattel-, Reis-, Agaven- oder Ahornsirup.

[1] Die polnische Redewendung „billig wie Borschtsch" bedeutet so viel wie spottbillig.

ITALIENISCHER ZUCCHINIKUCHEN

Meinen ersten Zucchinikuchen habe ich vor Jahren nach einem Rezept eines Freundes meiner Tante aus Rom gebacken. Dieselbe Tante schnitt aus italienischen Kochzeitschriften Rezepte mit immer neuen Versionen dieses Kuchens für mich aus. Dann experimentierte ich mit der Schokoladenversion, die im großen Buch über Schokolade zu finden ist. Später, auf David Lebovitz' Rat hin, begann ich, gehackte Nüsse zum Zucchinikuchen hinzuzufügen und mit verschiedenen Extrazutaten zu experimentieren. Schließlich habe ich meine eigene Lieblingsversion entwickelt, bei der ich die Zutaten seit Jahren nicht mehr verändert habe.

ZUTATEN FÜR ZWEI KLEINE KASTENFORMEN ODER EINE GROSSE

350 g Zucchini

1 Tasse Mandeln

2 Tassen Weizenmehl
1 TL Backpulver
½ TL Natron
Salz

2 Bananen
½ Tasse Zucker
1 Tasse Bratöl
1 TL Vanilleextrakt
geriebene Schale von 1 Zitrone
1 Prise Salz

AUSSERDEM

Öl
Paniermehl oder gemahlene Mandeln
Puderzucker

ZUBEREITUNG

- Den Ofen auf 180 °C vorheizen. Zucchini grob raspeln, nicht den Saft auspressen. Es werden circa zwei Tassen geriebene Zucchini benötigt. Mandeln in einem Mixer kurz zerkleinern oder mit einem Messer grob hacken. In einer großen Schüssel Mehl, Natron, Backpulver und eine Prise Salz gründlich mischen.
- In einem Standmixer Bananen, Zucker, Öl, Vanilleextrakt und Zitronenschale mischen. Die dicke Masse zu den trockenen Zutaten geben, mit einem Spatel verrühren, dann Zucchini und gehackte Mandeln hinzufügen und gründlich mischen, bis der Teig homogen wird.
- Eine Kastenform mit Öl einfetten und mit Semmelbröseln oder einigen Löffeln gemahlener Mandeln bestreuen, den Teig darin verteilen und 50–55 Minuten backen. Abkühlen lassen und in Scheiben schneiden, wahlweise mit Puderzucker bestreuen. Schmeckt am besten mit starkem Espresso.

Die Gewürze für diesen Kuchen lassen sich ein bisschen variieren, er schmeckt beispielsweise hervorragend mit Limettenschale und gemahlenem Anis, mit Vanille und Pinienkernen oder mit gehackter Schokolade und einer großzügigen Prise Chili.

SIZILIANISCHER WEISSER PUDDING

Biancomangiare, das ist der ursprüngliche Name für diesen Pudding, bedeutet einfach nur „etwas Weißes essen". Es ist eines der ältesten traditionellen sizilianischen Desserts, das seit jeher vegan ist. In jedem Teil der Insel wird dieses Dessert ein wenig anders zubereitet, aber meine Lieblingsversion stammt aus der Gegend um Ragusa, wo es mit Zitronenschale und viel Zimt gewürzt wird. Von mir kommt die Fruchtsoße. Die pure Lust!

ZUTATEN FÜR FÜNF BIS SIEBEN PORTIONEN

1 Tasse Mandeln
3 Tassen Wasser
1 Prise Salz

3 TL Zucker
1 Vanilleschote

¼ Tasse Weizenmehl

AUSSERDEM

Öl zum Einfetten der Formen
Pistazien oder Mandeln zum Servieren

SOSSE

2 Orangen
1 Zitrone

1–2 EL Zucker

ZUBEREITUNG

- Mandeln für eine Stunde in kochend heißem Wasser oder über Nacht in kaltem Wasser einweichen und abtropfen lassen. In einen Mixbecher geben, Wasser und Salz hinzufügen und ein bis drei Minuten lang mixen, bis die Flüssigkeit weiß wird.
- Die entstandene Flüssigkeit durch einen Nussmilchbeutel oder ein mit Mull ausgelegtes Sieb in einen Topf geben, die Masse im Mull oder Beutel vorsichtig auspressen. Im Topf befindet sich nun Mandelmilch und im Tuch bzw. im Beutel der Mandelbrei, den man auf vielerlei Arten weiterverwenden kann.
- Eine Tasse der Mandelmilch abnehmen und beiseitestellen. Zucker und Vanilleschoten zur Mandelmilch in den Topf geben und bei schwacher Hitze erwärmen.
- Das Mehl zur zuvor abgenommenen Milch geben und mit einem Schneebesen verrühren. Wenn die Flüssigkeit im Topf heiß ist, die Mischung aus Milch und Mehl dazugeben, weiter erhitzen und dabei mit einem Schneebesen rühren, bis die Masse eindickt. Den Herd ausstellen, Schüsseln oder Gläser mit Öl einfetten und den entstandenen Pudding einfüllen. Abkühlen lassen und für mindestens eine Stunde kalt stellen.
- Eine Orange mit heißem Wasser abwaschen, die Schale abreiben. Den Saft auspressen und restliches Fruchtfleisch herauskratzen.
- Den Saft in einen Topf geben, das Fruchtfleisch hacken und zum Saft geben. Auch den Saft der beiden anderen Zitrusfrüchte auspressen und mit in den Topf geben, Zucker und die abgeriebene Orangenschale hinzufügen und alles zehn bis zwölf Minuten kochen lassen, um die Soße deutlich zu reduzieren.
- Den kalt gestellten Pudding vorsichtig auf Teller stürzen und mit je einem Teelöffel Soße und gehackten Pistazien oder Mandeln servieren.

Der Mandeltrester, der nach der Zubereitung der Mandelmilch übrig bleibt, lässt sich am einfachsten zu einem Quark verarbeiten. Einfach ein wenig Mandelmilch, drei bis vier Esslöffel Zitronensaft und ausgewählte Extrazutaten – Zimtzucker, Vanille-, Agaven- oder Dattelsirup – sowie Salz, Pfeffer, Dill und Hefeflocken für eine herzhafte Version hinzufügen.

MAGISCHE MOUSSE AU CHOCOLAT

Der französische Tenor und vegane Hobbykoch Joël Roessel hat lange nach einer Idee für ein veganes Baiser gesucht. Er träumte so sehr davon, dass er eines Tages beschloss, zu versuchen, das Wasser aus den Kichererbsen zu schlagen, und entdeckte, dass man es genau wie Eiweiß schlagen kann. Als er seine Entdeckung auf Facebook bekanntgab, spielte das Internet förmlich verrückt. Viele Leute fingen an, es für Desserts zu nutzen, zu Pfannkuchen dazuzugeben und Mayonnaise daraus herzustellen. Bald darauf wurde die magische Zutat genauer untersucht und Aquafaba genannt. Der beste Weg, sich dem anzunähern, ist es, vegane, luftige Mousse au Chocolat zuzubereiten. Es reicht dafür aus, einfach nur Aquafaba zu schlagen, mit geschmolzener Schokolade zu kombinieren und fertig. So brauchst du das Kichererbsenwasser nicht (mehr) wegzuschütten.

ZUTATEN FÜR VIER BIS SECHS PORTIONEN

150 g Bitterschokolade

½ Tasse Aquafaba
1 Prise Salz
1 EL Puderzucker (optional)

ZUBEREITUNG

- Die Schokolade im Wasserbad zum Schmelzen bringen: Wasser in einem kleinen Topf zum Kochen bringen und eine Metallschüssel darauf stellen, sodass sie den Topfboden nicht berührt. Zerstückelte Schokolade in die Schüssel geben und kräftig rühren, bis sie schmilzt. Sobald sie flüssig ist, den Herd ausstellen, das Wasser abgießen und die Schüssel auf dem Topf stehen lassen.
- Das Kichererbsenwasser in eine zweite Schüssel gießen, salzen und mit dem Mixer fünf Minuten lang zu steifem Schaum schlagen. Ohne das Schlagen zu unterbrechen, Zucker hinzufügen und zum Schluss die geschmolzene, etwas abgekühlte Schokolade mit einem Spatel vorsichtig unterrühren.
- Die Masse in Tassen oder hohe Eisbecher füllen und für eine Stunde in den Kühlschrank stellen. Mit geriebener Schokolade, frischem Obst oder Lieblingskonfitüre servieren.

Die in diesem Rezept verwendete Menge an Aquafaba entspricht der Menge des Wassers aus einer kleinen Dose (400 Milliliter) Kichererbsen. Wenn du kein Dosengemüse verwenden möchtest, verwende alternativ selbst gekochte Kichererbsen. Auch deren Kochwasser ist als Aquafaba verwendbar – alles, was du tun musst, ist, das Wasser um die Hälfte zu reduzieren, um es etwas dickflüssiger zu machen. Meiner Meinung nach ist es jedoch am besten, diese Methode erst beim zweiten oder dritten Mal auszuprobieren, wenn man weiß, wie mit Aquafaba umzugehen ist. Außerdem ist es wichtig, die Schokolade richtig zu behandeln – sie sollte lauwarm und noch flüssig sein. Wenn sie zu warm ist, fällt der Schaum zu stark in sich zusammen, und wenn sie zu kalt ist, bilden sich Klümpchen in der Mousse. Man sollte sich darüber aber nicht den Kopf zerbrechen, denn in beiden Fällen schmeckt die Mousse immer noch ausgezeichnet.

STICKY RICE MIT BIRNE

Als ich durch Thailand reiste, fragten mich meine Follower auf Instagram immer wieder, wann das Rezept für den berühmten Sticky Rice mit Mango, das heißt süßen Klebreis, der mit einer in Scheiben geschnittenen reifen Mango serviert wird, auf meinem Blog erscheinen würde. Ich habe dieses Rezept eigens für dieses Buch aufbewahrt, denn genau wie bei grünem Curry könnte man darüber einen eigenen Band oder zumindest ein ganzes Kapitel schreiben. Offen gesagt, ist mir oft zum Weinen zumute, wenn ich sehe, wie in verschiedenen Lokalen mit Klebreis umgegangen wird. Der Reis ist zu süß und ohne Salz; er ist entweder zu trocken oder schwimmt gar in Kokosmilch. Das erinnert mich immer an den Milchreis aus Kindergartenzeiten, auf den jemand einfach ein paar klägliche Mangowürfel gelegt hat. Sticky Rice ist ein Dessert, in dem die ganze Seele der thailändischen Küche steckt, einer Küche, die Wert auf das Gleichgewicht zwischen kontrastierenden Aromen legt. Der Reis sollte sehr süß, deutlich kokosartig und leicht salzig sein; cremig, samtig und kompakt und gleichzeitig geradezu mit Kokosmilch vollgesogen. Jeder Bissen sollte auf der Zunge zergehen, zunächst eine gewisse Süße freisetzen und dann unerwartet mit einer gewissen Salzigkeit kontrastieren. Es sollte unscheinbar aussehen, aber gleichzeitig süchtig machen. Und vor allem sollte eine ganze, in zwei Hälften geschnittene gelbe Mango obendrauf gelegt werden. Die hierzulande erhältlichen Mangos sind dafür jedoch nur bedingt geeignet. Gelbe Mangos sind weich, süß wie Honig, und, was am wichtigsten ist, sie enthalten keine Fasern. Deshalb nehme ich für dieses Dessert eine reife, ebenso weiche und süße Birne.

ZUTATEN FÜR FÜNF BIS SECHS PORTIONEN

1 ¼ Tassen in Wasser eingeweichter Klebreis (mind. 6 h eingeweicht)

1 Dose Kokosmilch
⅓ Tasse Zucker
Salz

ZUM SERVIEREN

4 reife Birnen

ZUBEREITUNG

- Den eingeweichten Reis abtropfen lassen und mit Wasser spülen. Den Vorgang dreimal wiederholen.
- Einen großen Topf vorbereiten, dessen Durchmesser dem eines Siebes ähnelt, sodass das Sieb auf den Topf gestellt werden kann. Reichlich Wasser im Topf zum Kochen bringen, aber nur so viel, dass es das Sieb nicht berührt. Das Sieb mit einem Tuch oder mit Backpapier auslegen, in das an mehreren Stellen Löcher gestochen wurden.
- Wenn das Wasser im Topf kocht, den Reis in das ausgelegte Sieb geben, mit einem Deckel zudecken und unter gelegentlichem Rühren im Dampf garen, bis er weich ist, das heißt 25–40 Minuten lang; nur so wird der Reis gleichmäßig gekocht. ➔

- In der Zwischenzeit eine Tasse Kokosmilch abmessen und zusammen mit Zucker und Salz in einem kleinen Topf erhitzen, bis sich der Zucker aufgelöst hat.
- In einem separaten Topf die restliche Kokosmilch mit Salz zum Kochen bringen und bei schwacher Hitze fünf bis sechs Minuten kochen, damit das überschüssige Wasser verdampft.
- Den heißen Reis in eine Schüssel geben und esslöffelweise gekochte Kokosmilch mit Zucker und Salz hinzufügen. Vorsichtig umrühren, sodass sich das Ganze mit dem Reis verbindet, ohne dass die Körner beschädigt werden.
- Wenn die gesamte Kokosmilch vom Reis aufgenommen wurde, kann das Dessert serviert werden. Den Reis portionsweise auf Teller legen, mit einem Löffel flach drücken und die Hälften einer geschälten und entkernten Birne darauflegen. Einen Esslöffel der reduzierten Kokosmilch mit Salz darübergießen und servieren. Nur denjenigen einen Nachschlag geben, die wir am meisten mögen.

Diese Nachspeise zuzubereiten, ist wirklich einfach. Wenn du erst einmal Klebreis zubereitet hast, gelingt dir dieses Dessert das nächste Mal mit geschlossenen Augen. Du solltest lediglich dafür sorgen, dass der gedämpfte Reis sehr weich und die Kokosmilch von guter Qualität ist. Und schon nach dem ersten Bissen wirst du verstehen, warum dieses Dessert weltweit beliebt ist.

VIETNAM

MAISPUDDING

Eine der beliebtesten Nachspeisen Vietnams sind Chè – entfernt miteinander verwandte Desserts in Form von Puddings, Kaltschalen, Götterspeisen oder süßen Suppen. Was sie von europäischen Süßspeisen unterscheidet, ist, dass sie fast alle vegan sind und dass zu ihrer Zubereitung häufig Mungobohnen, Adzukibohnen, Süßkartoffeln, Kartoffeln oder einfach Maiskörner verwendet werden. Die Verwunderung über die Kombination aus süßem Mais und Kokosmilch hört nach dem ersten Bissen auf, wenn man am liebsten sofort nachnehmen würde.

ZUTATEN FÜR VIER BIS SECHS PORTIONEN

PUDDING

½ Tasse Klebreis

2 Tassen Wasser
1 Maiskolben
1 Vanilleschote

½ Tasse Kokosmilch aus der Dose
1 TL Rohrzucker
¼ TL Salz

KARAMELLSOSSE

½ Tasse Rohrzucker
2 EL Wasser
½ Tasse Kokosmilch aus der Dose
2 EL beliebiges Kokosöl
¼ TL Salz

ZUBEREITUNG

- Den Reis dreimal spülen, dann mit kaltem Wasser übergießen und mindestens 30 Minuten lang einweichen lassen.
- In der Zwischenzeit eine süße Maisbrühe zubereiten. Den Maiskolben in eine Schüssel stellen, mit einem scharfen Messer die Körner ablösen und beiseitestellen. Den verbleibenden Kolben halbieren und in einen kleinen Topf geben. Vanilleschote aufschneiden und das Mark herauskratzen. Wasser, Vanillemark und Vanilleschote in den Topf mit den Kolbenhälften geben und 30 Minuten bei schwacher Hitze kochen.
- Die Kochflüssigkeit durch ein Sieb abgießen. Eineinhalb Tassen davon abmessen und wieder zurück in den Topf schütten.
- Den Reis abseihen und zu dieser süßen Maisbrühe geben. Unter ständigem Rühren 10–15 Minuten ohne Deckel kochen.
- Kokosmilch, Zucker, Salz und die Maiskörner zum Reis dazugeben. Das Ganze fünf bis sechs Minuten kochen, ab und zu umrühren.
- Zum Schluss die Karamell-Kokos-Soße vorbereiten. In einen kleinen Topf zwei Esslöffel Wasser geben, Zucker dazugeben und, ohne zu rühren, auf 170 °C erhitzen, sodass der Zucker karamellisiert, aber nicht verbrennt – Vorsicht, denn schon 5 °C Unterschied können die Soße bitter machen.
- Wenn die Mischung heiß genug ist, den Topf vom Herd nehmen, Kokosöl und die restliche Kokosmilch dazugeben und Salz hinzufügen. Selbst wenn der Zucker zu einer kompakten Masse werden sollte, ist das kein Grund zur Sorge. Auf den Herd stellen und weiterrühren, bis die Soße glatt ist.
- Den fertigen Pudding in kleine Schüsseln geben, mit einem großzügigen Esslöffel Soße servieren. Die verbleibende Soße in ein Glas füllen und bis zu einem Monat im Kühlschrank aufbewahren.

> Wenn du keine Karamellsoße herstellen willst, die Konzentration und die Verwendung eines Zuckerthermometers erfordert, koche die Milch einfach mit einem Esslöffel Zucker und einer großen Prise Salz auf.

BIRNEN MIT THAI-BASILIKUM

Eine der klassischsten französischen Nachspeisen ist Poire à la Beaujolaise, also Birne, die nach einer Methode aus der Weinregion Beaujolais zubereitet wird. Ursprünglich wurden Birnen in Rotweinsirup gekocht, mal mit einem Zusatz von Nelken und Zimt, mal mit Anis und Zitrusfruchtschalen und mal mit Vanille und Pfeffer. Meine Lieblingskombination stellt dieses Rezept jedoch völlig auf den Kopf und kombiniert dieses traditionelle französische Rezept mit … Thai-Basilikum und einem Stück Chili.

ZUTATEN FÜR VIER PORTIONEN

2 Tassen trockener, milder Rotwein
¾ Tasse Rohrzucker
1 Zimtstange
4 Nelken
2 Pfefferkörner

4 kleine weiche Birnen

1 Handvoll frische Thai-Basilikum-Blätter
einige Scheiben Chilischoten

ZUM SERVIEREN

Kokoscreme oder 1 Kugel saures Sorbet, z. B. Himbeersorbet

ZUBEREITUNG

- Wein in einen mittelgroßen Topf gießen, Zucker, Zimt, Nelken und Pfeffer hinzufügen und auf kleiner Flamme erhitzen, bis sich der Zucker auflöst.
- Währenddessen die Birnen vorsichtig schälen, dabei den Stiel daran belassen. Wenn sich der Zucker aufgelöst hat, die Birnen so in den Topf geben, dass sie vollständig mit dem Weinsirup bedeckt sind. Bei mittlerer Hitze kochen, bis die Birnen weich, aber noch kompakt sind, das heißt 18–25 Minuten, je nachdem, wie reif die Birnen sind und wie schnell die Flüssigkeit aus dem Topf verdampft.
- Zum Schluss einige Scheiben Chili und eine Handvoll Basilikumblätter untermischen und alles noch 30 Sekunden erhitzen. Die Birnen mit etwas Weinsirup und wahlweise mit einem Klecks Kokoscreme oder einem Löffel saurem Sorbet servieren.

Thai-Basilikum lässt sich einfrieren. Wenn du also gefrorenes Thai-Basilikum auf Vorrat hast, kannst du es hierfür verwenden. Sonst ist es ratsam, eine größere Portion für dieses Dessert zu kaufen und das, was übrig bleibt, für grünes Curry einzufrieren (S. 179). Schütte den vom Kochen der Birnen verbleibenden Sirup nicht weg – bewahre ihn im Kühlschrank auf und serviere ihn zu Pfannkuchen, Eis und anderen Desserts. Er lässt sich im Kühlschrank noch mehrere Wochen aufbewahren.

ANKO

Es bedarf nicht vieler Worte, um die Einfachheit, den Minimalismus und das Streben nach Perfektion in der japanischen Küche zu beschreiben. Dafür reicht es, Anko herzustellen, eine süße Marmelade aus Adzukibohnen, die die Grundlage vieler japanischer Desserts bildet. Sie dient als Füllung für Plätzchen, Maultaschen oder Hefebrötchen; man verwendet sie, um Kuchen, Pfannkuchen und Waffeln damit zu bestreichen; sie wird in Suppen, Puddings und Kaltspeisen getan; und bequeme japanische Studenten streichen sie einfach auf knusprige Toasts. Und auch wenn ich mir oft kleinere Veränderungen und Twists in den Rezepten erlaube, würde es diesmal keinen Sinn ergeben. Denn Anko birgt das gesamte kulinarische Erbe Japans in sich, und jeder Bissen davon erzählt ein Stück Kultur des Landes der Kirschblüte. Um es banaler auszudrücken: Anko ist überraschend einfach in der Zubereitung und außerordentlich köstlich.

ZUTATEN FÜR EIN GROSSES VORRATSGLAS

1 Tasse Adzukibohnen
¾–1 Tasse Zucker

ZUBEREITUNG

- Bohnen in einen Topf geben, mit Wasser aufgießen, sodass die Bohnen bedeckt sind, und fünf Minuten ohne Deckel kochen. Dann die Bohnen abseihen und wieder in den Topf geben.
- Frisches Wasser hinzufügen, zum Kochen bringen, fünf Minuten ohne Deckel kochen lassen und dann erneut abgießen.
- Ein drittes Mal mit reichlich frischem Wasser aufgießen, mindestens doppelt so viel wie Bohnen. 45–60 Minuten ohne Deckel kochen lassen – die Bohnen sollten leicht zerfallen und die Schalen sollten sich lösen. Abgießen, die Bohnen zurück in den Topf geben, mit Zucker bestreuen und bei schwacher Hitze 10–15 Minuten köcheln lassen. Das Anko ist fertig, wenn es sich mit einem Löffel in zwei Hälften teilen lässt, sodass der Löffel eine Spur hinterlässt. Abkühlen lassen und anschließend alles in ein Schraubglas geben und bis zu zwei Wochen im Kühlschrank aufbewahren.

Fertiges Anko lässt sich wie Nutella verwenden – das heißt auf Brot, Croissant, Toast oder eine Waffel streichen. Beachte jedoch, dass sich Anko ausschließlich aus Adzukibohnen herstellen lässt. Nur diese Sorte ist leicht süß, hat einen milden Geschmack und lässt sich leicht kochen. Versuche nicht, andere Bohnen zu nehmen. Adzukibohnen sind in gut sortierten Supermärkten oder Onlineshops erhältlich. Und wenn du die Idee einer süßen Bohnenpaste nicht überzeugend findest, sieh dir den Film „Kirschblüten und rote Bohnen“ an. Vielleicht bekommst du so Lust darauf.

EIS
MIT ERDNUSSBUTTER UND CURRY

In San Francisco verbrachte ich einige Wochen, die zu den kulinarisch interessantesten meines Lebens zählen. Da meine Freunde Kasia und Adam ein gutes Herz haben, wohnte ich in ihrem Haus im Mission District nahe der berühmten Tartine Bakery, sodass ich zum Frühstück Sandwiches aus dem besten Brot aß, zu Mittag Tacos oder Burritos und das Abendessen oft auf einer Wiese im Dolores Park zu mir nahm. Das war ein Monat! Aber am liebsten denke ich an das dortige Eis zurück. Abgesehen davon, dass man dort reichlich veganes Eis finden kann und dass es aus den besten Zutaten hergestellt wird, überbieten sich die Eisdielen in der Kreation immer neuerer, unverschämt leckerer Kombinationen und geben jede Woche eine neue „eisige" Entdeckung bekannt. Als meine Lieblingsgeschmacksrichtung entpuppte sich Erdnussbutter-Curry-Eis.

ZUTATEN FÜR EINEN GROSSEN EISBEHÄLTER

2 Dosen Kokosmilch
8 EL Erdnussbutter
½ Tasse Rohrzucker
½ TL Currypulver
½ TL Meersalz

1 TL Kartoffelstärke oder Reismehl

ZUBEREITUNG

- Alle Zutaten außer der Stärke in einen Topf geben und bei mittlerer Hitze erwärmen, dabei ab und zu leicht umrühren. Wenn die Flüssigkeit warm ist, Stärke bzw. Reismehl hinzufügen, aufkochen dabei mit einem Schneebesen gründlich verrühren, sodass sie eindickt. Dann den Herd ausstellen.
- Die Eismischung in ein großes, flaches Behältnis füllen und vollständig abkühlen lassen, dann in den Gefrierschrank stellen. Vier Stunden lang jede halbe Stunde den Behälter herausnehmen und die festfrierende Masse mit einem Löffel umrühren, dabei mit den Rändern beginnen, denn dort gefriert sie am schnellsten. Je besser und gründlicher die Masse gemischt wird, desto besser wird das Eis am Ende. Nach der Entnahme aus der Tiefkühltruhe das Eis 15 Minuten lang bei Raumtemperatur stehen lassen und dann essen.

> Das Eis umzurühren, ist ein ziemlich mühsames Prozedere, aber die Luftigkeit hängt von eben diesem Schritt ab. Wenn du einen wirklich leistungsfähigen Mixer hast, kannst du ein wenig schummeln und den Vorgang um die Hälfte verkürzen – nimm einfach das gefrorene Eis heraus, warte eine Viertelstunde, dann würfele es und zerkleinere es mit dem Mixer. Ehrlich gesagt, ich wähle meistens eher diese Methode.

KAROTTEN-KOMPOTT

RUSSISCHER BROMBEER-PUNSCH

KAFFEE AUF ISLÄNDISCHE ART

EISKAFFEE AUS ALGERIEN

ARABISCHES APRIKOSEN-GETRÄNK

GOLDENE MILCH

MASALA CHAI

ZITRONENGRASTEE

KOREANISCHER TEE

HORCHATA

KARIBISCHER KAROTTEN-PUNSCH

GETRÄNKE

KAROTTEN-KOMPOTT
MIT RHABARBER

Viele Leute assoziieren Kompott[2] mit einer etwas in die Jahre gekommenen Tante, einer polnischen Milchbar oder purer Langeweile. Es gibt jedoch einen Weg, sich von diesem Fluch zu befreien: indem man das Kompott nicht nur aus zuckerhaltigen Früchten, sondern auch aus Gemüse zubereitet. Probiere doch mal, Stachelbeeren mit Pastinake, Brombeeren mit Roter Bete oder, wie unten gezeigt, Rhabarber mit süßer Karotte zu verbinden!

ZUTATEN FÜR VIER BIS SECHS PORTIONEN

500 g	Rhabarber
125 g	Karotten
1 Stück	Ingwerknolle, ca. 3 cm
4	getrocknete Datteln, entkernt
2 L	Wasser

ZUBEREITUNG

- Rhabarber schälen und in Scheiben schneiden, Karotte bei Bedarf schälen und raspeln, Ingwerknolle und Datteln fein hacken.
- Die vorbereiteten Zutaten in einem mittelgroßen Topf mit Wasser zugedeckt 15–20 Minuten kochen lassen. Heiß oder kalt oder sogar mit Eiswürfeln servieren.

Zu diesem Kompott kannst du auch etwas Zitronen- oder Orangenschale hinzufügen.

[2] Das polnische „kompot" wird zwar ähnlich zubereitet wie die hierzulande beliebte fruchtige Nachspeise; anders als das deutsche Kompott ist polnisches „kompot" aber flüssiger und wird nicht gelöffelt, sondern getrunken.

RUSSISCHER BROMBEER-PUNSCH

»Sbiten« ist ein altes russisches Getränk, das in Russland des 19. Jahrhunderts der beliebteste Trunk war, bis Kaffee und Tee aufkamen. Seine Geschichte reicht bis ins 12. Jahrhundert. Alte Rezepturen empfehlen, zunächst Johanniskraut, Salbei, Lorbeerblätter und Paprikaschoten zum Kochen zu bringen und das Ganze anschließend mit Honig und Marmelade zu süßen. Die späteren Rezepte sind etwas ausgewogener, und am liebsten mag ich die mit sauren und herben eingemachten Brombeeren.

ZUTATEN FÜR VIER BIS FÜNF PORTIONEN

1 Tasse	Brombeeren (frisch oder tiefgekühlt)
2 EL	Ahornsirup
1	Zimtstange
½ TL	Nelken
½ TL	Ingwerpulver
1	Lorbeerblatt
1 Prise	Salz
1 L	Wasser

ZUBEREITUNG

- Alle Zutaten in einen Topf geben, Wasser hineingießen, zudecken und 10–15 Minuten kochen lassen.
- Anschließend durch ein Sieb in mehrere Becher gießen.

Statt gefrorener Brombeeren lohnt es sich auch, ein halbes Glas Brombeermarmelade zu nutzen, dann aber den Ahornsirup wegzulassen.

KAFFEE AUF ISLÄNDISCHE ART

Wem, wenn nicht den Isländern, sollten wir vertrauen, wenn es um wärmende Speisen und Getränke geht? Eines der interessantesten wärmenden Getränke, das beim Kampf gegen den Frost helfen soll, ist »Kumenkaffi«, das heißt gemahlener und gekochter Kaffee mit einem Zusatz von Kümmelsamen. Keine Angst, kombiniert mit etwas Zucker und Milch, schmeckt er wirklich mild.

ZUTATEN FÜR ZWEI BIS VIER PORTIONEN

4 EL Kaffeebohnen oder gemahlener Kaffee
1 TL Kümmelsamen

Rohrzucker und Pflanzenmilch für den Geschmack

ZUBEREITUNG

- Eine kleine Pfanne ohne Fett erhitzen, Kümmel darauf geben und 30 Sekunden lang anrösten, bis er intensiv zu duften beginnt. Dann auf einem Teller abkühlen lassen.
- Kümmel zusammen mit dem Kaffee in eine Mühle geben und mahlen. Solltest du gemahlenen Kaffee verwenden, kannst du den Kümmel pur mahlen oder im Mörser zerkleinern und dann erst mit dem Kaffee vermischen.
- Die Kaffee-Kümmel-Mischung für die Zubereitung deines Lieblingskaffees nutzen – in der Espressomaschine, einer Mokkakanne, einer French Press oder mit einem Coffee Dripper. Ein wenig Rohrzucker in den fertigen heißen Kaffee geben und Pflanzenmilch dazugießen. Nach einem schwer verdaulichen Mittagessen servieren.

> Kümmel hilft bei der Verdauung, deswegen wird Kumenkaffi am häufigsten nach fetthaltigen Mahlzeiten serviert. Wenn man den Kaffee nach dem Abendessen serviert, gibt man auch mal einen Schuss Kräuterschnaps in das Glas.

EISKAFFEE AUS ALGERIEN

Hast du schon einmal von einer Kombination aus starkem Kaffee und Zitronensaft gehört? Nicht umsonst hilft kalter Kaffee mit Eiswürfeln, Zitrone und manchmal Rum den Algeriern seit über drei Jahrhunderten, die Hitze zu überstehen. Ebenso sehr haben ihn die Portugiesen lieben gelernt und ihn auch in ihrem Land eingeführt – und das, obwohl sie sich mit Kaffee bestens auskennen.

ZUTATEN FÜR ZWEI PORTIONEN

2 EL Zitronensaft
1 Handvoll Eiswürfel

½ Tasse starker Kaffee aus der Espressomaschine oder Espresso

ZUBEREITUNG

- Zwei Gläser zu mehr als der Hälfte mit Eiswürfeln füllen und je einen Esslöffel Zitronensaft hineingeben.
- Anschließend mit Kaffee auffüllen, umrühren und servieren.

> Ich habe die alkoholische Version erwähnt – wenn du Lust hast, füge einen kräftigen Schuss Rum zu den angegebenen Zutaten hinzu. Ein preiswerter Rum ist dafür ausreichend.

ARABISCHES APRIKOSEN-GETRÄNK

»Qamar al-Din« ist ein dickflüssiges Getränk, das aus getrockneter Aprikosenpaste hergestellt wird. Es wird üblicherweise im Ramadan serviert, wenn die Gläubigen von Sonnenaufgang bis -untergang fasten – nach einem ganzen Tag Fasten stillt es schnell den Hunger und gibt einen energetischen Kick. Es hat eine wunderbare, seidige Konsistenz, ist äußerst erfrischend und macht sofort satt.

ZUTATEN FÜR ZWEI BIS VIER PORTIONEN

25 getrocknete Aprikosen

1 Tasse Orangensaft

1–1 ¼ Tassen Wasser
Eiswürfel (optional)

ZUBEREITUNG

- Aprikosen in einen kleinen Topf geben, mit Wasser übergießen, sodass die Aprikosen vollständig bedeckt sind, und bei schwacher Hitze zugedeckt sechs bis zehn Minuten kochen lassen. Je länger sie gekocht werden, desto leichter können sie mit dem Mixer verarbeitet werden.
- Die Aprikosen abgießen, in einen Standmixer geben, Orangensaft hinzufügen und alles zu einer glatten Creme verarbeiten. Wasser dazugießen und erneut mixen, bis die gewünschte dickflüssige Konsistenz erreicht ist. Sofort servieren, zum Beispiel mit Eiswürfeln.

Andere Trockenfrüchte können auf ähnliche Weise verwendet werden – es lohn sich, Datteln mit Quittensaft, Feigen mit saurem Aroniasaft und Rosinen mit Zitronensaft zu kombinieren.

GOLDENE MILCH

Vor einiger Zeit gab es im Internet ein großes Aufsehen um sogenannte Goldene Milch, ein wärmendes Getränk, das aus in Milch aufgelöster Kurkumapaste zubereitet und seit Hunderten von Jahren in der Ayurveda-Medizin verwendet wird. Davon habe ich mich am eigenen Leib überzeugen können. Als ich letztes Jahr in Bombay krank wurde, verordnete mir die Haushälterin, bei der ich wohnte, eine Behandlung mit »haldi ka doodh«, also Goldener Milch. Und auch nach einer Woche, in der ich jeden Tag mehrere Becher dieses Trunks zu mir genommen hatte, war ich es noch nicht leid – dieses Getränk ist cremig, angemessen scharf und bringt einen wieder in Form. Und schenkt man der Naturmedizin Glauben, so zeigt es eine antibakterielle Wirkung, steigert die Abwehrkräfte und hilft, viele Krankheiten zu bekämpfen.

ZUTATEN FÜR EINEN VORRAT DER KURKUMAPASTE

½ Tasse gemahlene Kurkuma
1 Tasse Wasser
1 TL gemahlener schwarzer Pfeffer

4 EL Kokosöl Extra Vergine

ZUBEREITUNG DER KURKUMAPASTE

- Alle Zutaten mit Ausnahme des Kokosöls in einem mittelgroßen Topf vermischen. Zum Kochen bringen und bei schwacher Hitze unter Rühren zwei bis vier Minuten lang kochen beziehungsweise so lange, bis das Wasser verdampft und das Ganze zu einer sehr dicken Paste wird.
- Am Ende Kokosöl hinzufügen und noch eine Minute erhitzen. Die fertige Paste in ein Vorratsglas geben und im Kühlschrank nicht länger als ein paar Monate aufbewahren.

ZUTATEN FÜR ZWEI PORTIONEN GOLDENE MILCH

2 Tassen Pflanzenmilch
1 TL Kurkumapaste
1 Prise Rohrzucker (optional)

ZUBEREITUNG DER GOLDENEN MILCH

- Pflanzenmilch in einen kleinen Topf geben, Kurkumapaste und gegebenenfalls Rohrzucker hinzufügen. Zum Kochen bringen und eine Minute lang bei minimaler Hitze erwärmen, dann in Gläser füllen. Schmeckt am besten, wenn du in eine Decke eingewickelt bist.

> Verzichte nicht darauf, Pfeffer und Kokosöl zuzugeben – diese beiden Inhaltsstoffe helfen unserem Körper, die wertvollen Eigenschaften von Kurkuma zu absorbieren. Du kannst auch ruhig andere Gewürze hinzufügen, etwa etwas Vanille, Zimt oder Kardamom.

MASALA CHAI

FÜR MORGENS UND ABENDS

Im Ayurveda, der traditionellen indischen Heilkunst, gelten die Blätter von schwarzem Tee als Heilpflanze. Sie waren nicht sehr beliebt, bis die britischen Teeanbauer im 19. Jahrhundert beschlossen, die Indian Tea Association zu gründen, eine Organisation, die den Konsum dieses Getränks fördern und die Teeindustrie ankurbeln sollte. Eine ihrer Ideen bestand darin, große Fabriken dazu zu ermutigen, ihren Mitarbeitern Pausen zu gewähren, in denen sie ihnen kostenlosen Tee ausschenkten. Die Idee kam an, und der Tee verbreitete sich schnell in ganz Indien, aber die dortigen Straßenverkäufer brauten ihn lieber nach den Vorgaben des Ayurveda und nicht, wie von den britischen Bauern vorgeschlagen wurde, mit Milch und Zucker. Sie fügten der starken Tee-Essenz verschiedene wärmende Gewürze bei, um ihre heilende Wirkung zu verstärken. Diese Version hat bis heute überlebt und den Namen Masala Chai oder einfach Gewürztee bekommen. Ich mag sie so sehr, dass ich viele eigene Versionen entwickelt habe – zum Beispiel mit schwarzem Tee für den Morgen und Kamillenblütentee für den Abend.

ZUTATEN FÜR EINEN VORRAT DER MASALA-CHAI-MISCHUNG FÜR DEN MORGEN

2 Zimtstangen
⅓ TL Nelken

14 Kardamomkapseln
2 TL Fenchelsamen
6 EL loser schwarzer Tee

ZUBEREITUNG DER MASALA-CHAI-MISCHUNG FÜR DEN MORGEN

- Zimt hacken oder kurz im Mixer zerkleinern – auf keinen Fall in die Mühle geben, denn dann kann er leicht zu Staub werden, der einen zu scharfen Geschmack annimmt und in der Mischung auf den Boden des Vorratsglases sinkt. Nelken dazugeben und erneut kurz mixen.
- Die zerkleinerten Gewürze mit den restlichen Zutaten vermischen und in ein beschriftetes Glas geben.

ZUTATEN FÜR EINEN VORRAT DER MASALA-CHAI-MISCHUNG FÜR DEN ABEND

2 Zimtstangen
⅓ TL Nelken

15 getrocknete Kaffirlimettenblätter

2 TL Fenchelsamen
12 Kardamomkapseln
3 EL getrocknete Kamillenblüten

ZUBEREITUNG DER MASALA-CHAI-MISCHUNG FÜR DEN ABEND

- Zimt hacken oder kurz im Mixer zerkleinern. Auch hierzu wieder nicht die Mühle verwenden, damit die Mischung nicht zu scharf wird. Nelken dazugeben und erneut mixen. Am Ende Kaffirlimettenblätter hinzufügen und einmal kurz mixen.
- Die zerkleinerten Gewürze mit den restlichen Zutaten vermischen und in ein beschriftetes Glas geben.

ZUTATEN FÜR EINE PORTION MASALA CHAI

2 EL der ausgewählten Masala-Chai-Mischung
⅔ Tasse fettreiche Pflanzenmilch
Rohrzucker, Agavendicksaft oder ein vergleichbares Süßungsmittel

ZUBEREITUNG DES MASALA CHAI

- In einen kleinen Topf zwei Esslöffel der Masala-Chai-Mischung geben, eine halbe Tasse Wasser hinzufügen, zum Kochen bringen und eine Minute kochen.
- Milch dazugeben und weitere drei bis vier Minuten kochen. Am Ende etwas Rohrzucker oder ein anderes Süßungsmittel hinzufügen, umrühren und durch ein Sieb in einen Becher geben.

> Masala Chai lässt sich auf sehr viele verschiedene Arten zubereiten. In jeder Stadt, jedem Stadtteil und sogar in jedem Haus gelten andere Rezepte. Wenn du also ein Gewürz aus diesem Rezept gerade nicht zur Hand hast, kannst du es einfach überspringen oder dein eigenes dazugeben. Probiere doch einmal die einfachste Kombination aus Pfeffer, Nelken und Zimt; wahlweise mit süßem Ingwer, Kardamom und Vanille; würzigem Kreuzkümmel, Koriander und Zimt und sogar Rosenblättern, Safran und grünem Tee. Auch wenn du kein Fan von Fenchel bist, wird dir dessen Aroma in Kombination mit Milch und Tee bestimmt schmecken – er ist insgeheim meine Lieblingszutat.

ZITRONENGRASTEE

In Südostasien kann man Zitronengrastee in fast jedem Geschäft kaufen. Manchmal sind es Teeblätter aus reinem Zitronengras, manchmal sind sie kombiniert mit grünem Tee und manchmal mit getrocknetem Ingwer. Am besten ist jedoch die Version, in der man aus den Resten frischen Zitronengrases, das man zur Herstellung von grünem Curry (S. 179) oder Laksa (S. 137) benötigt, den Tee selbst macht. So wird nichts verschwendet!

ZUTATEN FÜR ZWEI PORTIONEN

4 Stängel Zitronengras
1 Stück Ingwerknolle, ca. 3 cm

ZUBEREITUNG

- Einen halben Liter Wasser aufkochen. Zitronengras und Ingwer fein hacken und in eine Kanne geben.
- Heißes Wasser darübergießen und zwei bis drei Minuten ziehen lassen. Durch ein Sieb in Becher gießen.

Dieser Tee schmeckt auch kalt gut – dann kann man das Zitronengras in einem Glas Wasser ziehen lassen, durch ein Sieb geben und dann Eiswürfel hinzufügen. Du brauchst den Tee nicht zeitgleich zum Curry zubereiten, zu dessen Zubereitung das Zitronengras verwendet wurde. Die harten Reste vom Zitronengras, die nicht für die Currypaste geeignet sind, lassen sich einfach in den Kühlschrank legen und nach einigen Tagen verwenden.

KOREANISCHER TEE
AUS GERÖSTETEM REIS

Meine Koreanisch-Übersetzerin Krystyna, eine Liebhaberin von allem Polnischen, trank während unserer Reise viele Tees, die sie entweder vorher zubereitet hatte und in der Thermoskanne mitnahm oder im nächsten Geschäft in Form gekühlter Getränke in Flaschen kaufte. Sie waren aus verschiedenen Samen gemacht, und nach Krystynas Überzeugung würden sie alle für ewige Jugend und schöne Haut sorgen. Sie war verblüfft, dass ich kein ähnliches Ritual habe, und hin und wieder fragte sie mich ungläubig, warum in Polen keine solche Tees zubereitet werden würden und was wir tagsüber überhaupt tränken (die Antwort Wasser überzeugte sie wenig). Zuerst dachte ich, sie würde übertreiben, aber dann wurde mir klar, dass Tees wie »Oksusucha« aus geröstetem Mais, »Boricha« aus gerösteten Gerstenkörnern und »Hyonmicha« aus geröstetem Reis wirklich überall zu finden sind – sie werden von der Kassiererin im Lebensmittelgeschäft getrunken, die Rezeptionistin in meinem Hotel braut sich einen solchen Tee unter der Theke, schließlich wird er auch von den Damen im Ministerium und im Kopierladen in riesigen Krügen gebraut. Deshalb gab ich nach und fing auch an, ihn zu trinken. Als ich nach Hause zurückkam, bereitete ich ihn selbst zu und dankte Krystyna jedes Mal innerlich.

ZUTATEN FÜR GERÖSTETEN REIS

½ Tasse brauner Reis

VORBEREITUNG

- Reis in ein Sieb geben und einige Male spülen. Dann eine große Bratpfanne ohne Fett erhitzen, den Reis darauf geben und einige Minuten rösten, bis er goldbraun ist und intensiv duftet. Auf einen Teller schütten und wenn er abgekühlt ist, in ein Vorratsglas geben – er kann mehrere Monate aufbewahrt werden.

ZUBEREITUNG VON ZWEI PORTIONEN TEE

- Zwei Tassen Wasser aufkochen. Zwei Teelöffel gerösteten Reis in eine große Kanne schütten und mit dem heißen Wasser aufgießen.
- Vier bis sechs Minuten ziehen lassen und dann in Gläser füllen. Schmeckt sowohl heiß als auch kalt, deshalb empfiehlt es sich, gleich eine doppelte Portion dieses Getränks auf einmal zuzubereiten und einen Teil heiß zu trinken und den anderen in einer Flasche im Kühlschrank aufzubewahren.

> Ich schätze diesen Tee vor allem wegen seiner subtilen Süße, seines nussigen Nachgeschmacks und dafür, dass er den Durst wirksam löscht und man mit Genuss nach ihm greift. Schenkt man außerdem den Koreanern Glauben, hilft er beim Abnehmen und verleiht der Gesichtshaut Glanz.

HORCHATA

»Horchata« oder auf Katalanisch »orxata« ist ein in Südamerika, Mexiko und Spanien beliebtes cremiges, mit Zimt gewürztes Getränk, das kalt mit Eiswürfeln oder heiß serviert wird. Je nach Land wird es aus Reis, Sesam, Melonenkernen, Mandeln oder Erdmandeln hergestellt. Dieses Getränk ist einfach hausgemachte Pflanzenmilch – in einer solchen Weise gewürzt und gesüßt, dass sie zu einem eigenständigen, köstlichen Getränk wird.

ZUTATEN FÜR DREI BIS FÜNF PORTIONEN

1 Tasse über Nacht mit 1 Zimtstange eingeweichter Reis

1 Tasse Kokosmilch
2 Stücke Schokolade
6 getrocknete Datteln, entkernt
Mark von 1 Vanilleschote

ZUM SERVIEREN

Eiswürfel

ZUBEREITUNG

- Den eingeweichten Reis abseihen, die Zimtstange entfernen und den Reis in den Becher- oder Standmixer geben. Zwei Tassen Wasser dazugießen und eine Minute lang bei mittlerer Geschwindigkeit mixen – der Reis sollte nicht zu fein werden, denn er bleibt in der Horchata ein bisschen stückig.
- Zweimal durch einen Nussmilchbeutel oder ein mit Mull ausgelegtes Sieb abseihen und beiseitestellen. Schokolade und Datteln hacken. Kokosmilch, Schokolade, Datteln und Vanillemark in einem kleinen Topf erhitzen und umrühren, bis die Milch kocht und die Datteln zerfallen.
- Die heiße Kokosmilch-Mischung in das gemixte Reiswasser geben und erneut mixen. Entweder abkühlen lassen und mit Eiswürfeln servieren oder heiß wie Kakao trinken.

Schließlich kam die Horchata auch nach Polen, und da dies auf dem Umweg über Frankreich geschah, wurde ihr Name polonisiert zu „orszada“.

KARIBISCHER KAROTTEN-PUNSCH

Bestimmt assoziieren viele die Karibischen Inseln mit Kokosnüssen, Maracuja, Brotfruchtbäumen und anderen exotischen Früchten. Dabei schlürft man dort nicht immer nur Cocktails mit Schirmchen, stattdessen wird im Kampf gegen die Hitze oft Karottenpunsch getrunken: mit Zimt, Vanille und Muskatnuss gewürzter Karottensaft, der zum Schluss mit cremiger Kokosmilch und Eiswürfeln kombiniert wird.

ZUTATEN FÜR DREI BIS VIER PORTIONEN

2 Tassen Karottensaft
½ Tasse Kokosmilch
¼ TL Zimt
1 Prise Muskatnuss
Mark von 1 Vanilleschote

ZUM SERVIEREN

1 Handvoll Eiswürfel

ZUBEREITUNG

- Alle Zutaten in eine Kanne geben und mit dem Pürierstab gründlich mischen, damit sich alle Gewürze gleichmäßig mit dem Saft verbinden.
- Eiswürfel hinzufügen und in Gläser füllen. Wenn gewünscht, mit Cocktailschirmchen servieren.

Lass das Mixen nicht aus – andernfalls können kleine, traurige Klümpchen unvermischten Zimts auf der Oberfläche des Punschs entstehen. Sieht fatal aus und schmeckt auch so.

SELBST GEMACHTES BRÜHPULVER
MEINE LIEBLINGSBRÜHE
BRATENSOSSE MIT PFLAUMEN
RECYCELTE BRATENPASTETE
BESTE VEGANE MAYONNAISE
AIOLI MIT GEBACKENEM KNOBLAUCH
KOREANISCHE MAYONNAISE
REIS MIT CURRYBLÄTTERN
LIEBLINGSBUCHWEIZENGRÜTZE
KARTOFFELPÜREE MIT APFEL
KIMCHI
RECYCELTES KIMCHI
KÜRBISPÜREE

GRUND-
REZEPTE

SELBST GEMACHTES BRÜHPULVER

ZUTATEN FÜR EIN VORRATSGLAS

- **1** Karotte
- **1** Petersilienwurzel
- **½** Sellerieknolle
- **4** getrocknete Pilze
- **6** Lorbeerblätter
- **6** schwarze Pfefferkörner
- **4** Pimentkörner
- **2 EL** getrocknetes Tomatenpulver oder
- **4** getrocknete Tomaten, gemahlen zusammen mit den getrockneten Pilzen
- **1 TL** Zwiebeln, granuliert
- **1 TL** getrockneter Liebstöckel
- **1 TL** getrocknete Petersilie
- **1 ½ TL** Salz

ZUTATEN FÜR EINEN LITER BRÜHE

- **1 EL** der Brühpulvermischung
- **½ TL** Olivenöl oder beliebiges anderes Öl

ZUBEREITUNG

- Gemüse putzen und mit einem Schäler in dünne Streifen schneiden. Die Streifen in einen Dörrautomaten geben oder auf ein Backblech legen, sodass sie nicht überlappen. Zu knusprigen Chips trocknen – im Dörrautomaten dauert dieser Vorgang die ganze Nacht, im auf 50 °C vorgeheizten Ofen circa zwei bis drei Stunden.
- Das trockene Gemüse in einem Mixer, einer Mühle oder einem Mörser pulverisieren und in ein Vorratsglas füllen. Dann die getrockneten Pilze, Lorbeerblätter, Pfeffer und Pimentkörner mahlen und dazugeben. Zum Schluss die restlichen Zutaten hinzufügen und alles im Glas vermischen.
- Um aus der selbst gemachten Mischung eine Brühe herzustellen, einen Esslöffel der Mischung und einen halben Teelöffel Öl in einen Liter heißes Wasser rühren und für Suppen, Gulasch oder Eintöpfe verwenden.

MEINE LIEBLINGSBRÜHE

ZUTATEN FÜR ZWEI LITER BRÜHE

- **1** Zwiebel
- **2** Karotten
- **2 Stangen** Staudensellerie, am besten mit Blättern
- **2** Champignons
- **1** Tomate
- **2 EL** Bratöl
- **½ TL** Salz

ZUBEREITUNG

- Zwiebeln schälen und halbieren, Karotten putzen und zusammen mit dem Sellerie und den Champignons in kleinere Stücke schneiden, die Tomate halbieren. In einem großen Topf Öl erhitzen und das Gemüse hineingeben.
- Alles fünf bis acht Minuten braten, dabei möglichst wenig umrühren. Zwei Liter Wasser dazugießen, Salz dazugeben und zugedeckt mindestens eine Stunde, idealerweise eineinhalb bis zwei Stunden, kochen lassen. Durch ein Sieb abseihen und die Reste auspressen. Die Brühe sofort verwenden, im Kühlschrank aufbewahren oder in kleinen Portionen einfrieren.

BRATENSOSSE MIT PFLAUMEN

ZUTATEN FÜR VIER BIS SECHS PORTIONEN

2	Zwiebeln
2	Lorbeerblätter
4	Pfefferkörner
4	Pimentkörner
2	Nelken
1	Thymianzweig
1	Rosmarinzweig
¼	Ceylon-Zimtstange
2–3 EL	Olivenöl
1	Karotte
1	Petersilienwurzel
2 Stangen	Staudensellerie
2	Knoblauchzehen
5	getrocknete Pflaumen
1 TL	Ahornsirup
2 EL	Tomatenmark
2 EL	Sojasoße
1 L	Gemüsebrühe
	Salz und schwarzer Pfeffer

ZUBEREITUNG

- Zwiebeln halbieren und in Scheiben schneiden; Karotten, Petersilienwurzel und Sellerie in dicke Scheiben schneiden; Knoblauch schälen und ganz lassen.
- Öl in einer Pfanne oder einem Topf mit dickem Boden erhitzen und die Zwiebeln und alle Gewürze hinzufügen. Eine Minute lang braten, geschnittenes Gemüse mit getrockneten Pflaumen und Knoblauch hinzufügen. Bei mittlerer Hitze und unter gelegentlichem Rühren acht bis zwölf Minuten braten, bis das Gemüse goldbraun ist. Es sollte stark angebraten und goldbraun sein, und an der Pfanne sollten die angerösteten Gemüsestücke kleben bleiben.
- Mit der Brühe ablöschen und danach alle restlichen Zutaten hinzufügen, kräftig umrühren und 10–15 Minuten kochen lassen, bis die Soße auf die Hälfte reduziert ist. Durch ein Sieb gießen und das Gemüse so gut wie möglich auspressen. Die fertige Soße mit Grütze, Püree oder gebackenem Gemüse servieren.

RECYCELTE BRATENPASTETE

ZUTATEN FÜR EINE KLEINE KASTENFORM

	von der Zubereitung der Bratensoße übrig gebliebenes Gemüse
1 ½ Tassen	gekochte geröstete Buchweizengrütze (entspricht ca. ¾ Tasse trockene geröstete Buchweizengrütze)
1 EL	Tomatenmark
2 EL	Sojasoße
½ TL	getrockneter Thymian
1 TL	gemahlener Koriander
½ TL	gemahlener Kräuterpfeffer
½ TL	Ingwerpulver
	Salz und schwarzer Pfeffer
¾ Tasse	gemahlene geröstete Kürbiskerne
¼ Tasse	Bratöl
	Öl und Semmelbrösel oder gemahlene Nüsse für die Form

ZUBEREITUNG

- Den Ofen auf 200 °C vorheizen. Gewürze aus dem Gemüse herausfischen. Dann alle Zutaten außer dem Öl und den Kürbiskernen in einen Mixer geben und zu einer dicken, glatten Masse verarbeiten.
- Öl und Kürbiskerne dazugeben, nochmals mixen und mit Salz und Pfeffer abschmecken.
- Eine Kastenform mit Öl einfetten und mit reichlich Semmelbröseln oder Nüssen bestreuen. Die Pastetenmasse hineingeben und sorgfältig glatt streichen. Mit Öl bestreichen und 45–60 Minuten im Ofen backen. Abkühlen lassen, über Nacht in den Kühlschrank stellen und am nächsten Morgen anschneiden.

BESTE VEGANE MAYONNAISE

ZUTATEN FÜR ZWEI VORRATSGLÄSER

½ Tasse	Aquafaba, etwas weniger, als man in der Regel aus einer Dose Kichererbsen gewinnt
1 EL	Hefeflocken
2 TL	Wein- oder Apfelessig oder Zitronensaft
¾ TL	Sarepta- oder Dijonsenf
½ TL	Salz
¼ TL	Agavendicksaft oder ein ähnliches Süßungsmittel
1–2 Tassen	Pflanzenöl

ZUBEREITUNG

- Alle Zutaten mit Ausnahme des Öls in einen Mixbecher geben – eine Schüssel eignet sich dafür nicht. Stattdessen einen hohen, schmalen Behälter verwenden, in dem du die Zutaten kräftig und schnell zwei bis drei Minuten bei höchster Geschwindigkeit mixt, bis alles gut schäumt.
- Unter ständigem Mixen langsam in dünnem Strahl gerade so viel Öl einfüllen, dass die Mayonnaise richtig emulgiert, wobei zu beachten ist, dass sie nach einer Stunde im Kühlschrank zusätzlich eindickt. Die fertige Mayonnaise in Vorratsgläser geben und nicht länger als eine Woche im Kühlschrank aufbewahren. Ein kleiner Tipp: Sollte die Mayonnaise nach dem Einfüllen des Öls aus irgendeinem Grund nicht eingedickt sein, reicht es, sie einfach für eine Stunde in den Kühlschrank zu stellen und danach erneut zu mixen – spätestens dann wird sie mit Sicherheit emulgieren.

AIOLI MIT GEBACKENEM KNOBLAUCH

ZUTATEN FÜR ZWEI GROSSE VORRATSGLÄSER

2	Knoblauchknollen beliebiges Öl
½ Tasse	Aquafaba, etwas weniger, als man in der Regel aus einer Dose Kichererbsen gewinnt
1 EL	Hefeflocken (optional)
2 TL	Wein- oder Apfelessig oder Zitronensaft
¾ TL	Sarepta- oder Dijonsenf
½ TL	Salz
¼ TL	Agavendicksaft oder ein ähnliches Süßungsmittel
1–2 Tassen	Pflanzenöl

ZUBEREITUNG

- Den Ofen auf 200 °C vorheizen. Die Knoblauchknollen von der äußeren weißen Hülle befreien, ein Stück vom oberen Teil einer Knolle abschneiden, sodass das weiße Innere der Zehen zu sehen ist. Mit Öl beträufeln, in Backpapier wickeln und 45–55 Minuten im Ofen backen.
- Danach aus dem Ofen nehmen, auswickeln, abkühlen lassen und dann die Zehen aus den Schalen herausdrücken.
- Die Zehen samt allen anderen Zutaten mit Ausnahme des Öls in den Rührbecher für einen Pürierstab geben – eine Schüssel eignet sich dafür nicht. Stattdessen in einem hohen, schmalen Behälter die Zutaten kräftig und schnell drei bis vier Minuten auf höchster Stufe mixen, bis alles gut schäumt.
- Unter ständigem Mixen langsam Öl dazugießen. Nur so viel Öl einfüllen, dass die Aioli richtig emulgiert, wobei zu beachten ist, dass sie nach einer Stunde im Kühlschrank zusätzlich eindickt. Fertige Aioli in Vorratsgläser geben und nicht länger als eine Woche im Kühlschrank aufbewahren. Sollte die Aioli nach dem Einfüllen des Öls aus irgendeinem Grund nicht eingedickt sein, reicht es, sie einfach für eine Stunde in den Kühlschrank zu stellen und danach erneut zu mixen – spätestens dann wird sie mit Sicherheit emulgieren.

KOREANISCHE MAYONNAISE

ZUTATEN FÜR ZWEI VORRATSGLÄSER

½ Tasse	Aquafaba, etwas weniger, als man in der Regel aus einer Dose Kichererbsen gewinnt
1 EL	Misopaste
2 TL	Apfel-, Birnen- oder anderer Essig oder Zitronensaft
1 EL	Gochugaru-Chilipulver
¾ TL	Sarepta- oder Dijonsenf
½ TL	Agavendicksaft oder ein ähnliches Süßungsmittel
1 ¼ Tassen	Pflanzenöl
¼–½ Tasse	Sesamöl

ZUBEREITUNG

- Alle Zutaten mit Ausnahme des Öls in den Rührbecher des Pürierstabs geben. Statt einer Schüssel ist ein hoher und schmaler Behälter erforderlich, in dem du die Zutaten kräftig und schnell mixen kannst. Zwei bis drei Minuten auf höchster Stufe mixen, bis alles gut schäumt.
- Unter ständigem Mixen langsam Öl dazugießen. Nur so viel Öl einfüllen, dass die Mayonnaise richtig emulgiert, wobei zu beachten ist, dass sie nach einer Stunde im Kühlschrank zusätzlich eindickt. Die fertige Mayonnaise in Vorratsgläser geben und nicht länger als eine Woche im Kühlschrank aufbewahren. Falls die Mayonnaise wider Erwarten nicht eindickt, einfach für eine Stunde in den Kühlschrank stellen und danach erneut mixen.

REIS MIT CURRYBLÄTTERN UND CASHEWNÜSSEN

ZUTATEN FÜR ZWEI PORTIONEN

1 Tasse	Reis
1 ½ Tassen	Wasser
3 EL	Cashewnüsse
	Kokosöl oder anderes Öl
1 EL	getrocknete Curryblätter
1 Stück	Zitronen- oder Orangenschale
	Salz

ZUBEREITUNG

- Den Reis gründlich spülen. In einem mittelgroßen Topf Öl erhitzen, Cashewnüsse hineingeben und ein bis zwei Minuten braten. Curryblätter und ein Stück Zitronenschale dazugeben und ein paar Sekunden braten, dann den Reis unterrühren.
- Wasser zugießen, eine Prise Salz dazugeben, den Topf zudecken und bei geringer Hitze 12–16 Minuten kochen lassen – währenddessen nicht in den Topf schauen und den Reis auf keinen Fall umrühren. Durch häufiges Anheben des Deckels verdampft zu viel von dem zuvor abgemessenen Wasser, sodass der Reis nicht gar wird; durch das Umrühren störst du wiederum den Kochprozess, und der Reis beginnt anzubrennen. Wenn du überprüfen willst, ob das Wasser verdunstet ist, steck einfach den Stiel eines Löffels mitten in den Reis, ohne dabei umzurühren.
- Wenn das Wasser verdampft ist, die Herdplatte ausstellen und den Reis bis zum Zeitpunkt des Servierens zugedeckt lassen. Mit beliebiger Soße oder zu Curry-Gerichten servieren. Schmeckt ausgezeichnet, wenn du den Reis am nächsten Tag in der Pfanne aufwärmst.

LIEBLINGSBUCHWEIZENGRÜTZE

ZUTATEN FÜR ZWEI PORTIONEN

1 Tasse Buchweizengrütze
1 ½ Tassen Wasser
½ in dicke Scheiben geschnittene Zwiebel
4 getrocknete Pilze
1 Lorbeerblatt
1 Nelke
1 Wacholderbeere
Salz

ZUBEREITUNG

- Buchweizengrütze zweimal waschen. Anschließend in einen mittelgroßen Topf zusammen mit den restlichen Zutaten geben, zudecken und bei geringer Hitze 14–18 Minuten kochen lassen. Auch hier währenddessen nicht in den Topf schauen und die Grütze auf keinen Fall umrühren. Denn wenn der Deckel oft angehoben wird, verdampft das zuvor abgemessene Wasser. Die Grütze wird dann nicht gar. Wird sie umgerührt, beginnt sie anzubrennen. Es ist besser, den Stiel eines Kochlöffels in die Grütze zu stecken. So merkst du auch, ob sich noch Wasser in der Grütze befindet. Rühre sie aber keinesfalls um.
- Wenn das Wasser verdampft ist, die Herdplatte ausstellen und die Grütze bis zum Zeitpunkt des Servierens zugedeckt lassen. Passt perfekt zu Frikadellen (S. 157), Gulasch (S. 173) und Eintöpfen.

KARTOFFELPÜREE MIT APFEL

ZUTATEN FÜR ZWEI BIS DREI PORTIONEN

½ kg Kartoffeln
1 Apfel
Salz
2 EL Öl, mein Lieblingsöl ist kalt gepresstes Rapsöl
2 EL Hefeflocken
1–2 Prisen Muskatnuss
¼–⅓ Tassen ungesüßte warme Pflanzenmilch
Salz

ZUBEREITUNG

- Einen großen Topf gesalzenes Wasser zum Kochen bringen. Kartoffeln schälen, jedoch nicht in kleinere Stücke schneiden. Den Apfel schälen, halbieren und das Kerngehäuse entfernen. Die Kartoffeln samt dem Apfel in kochendes Wasser geben und je nach Größe der Kartoffeln 20–30 Minuten weich kochen.
- Das Kochwasser abgießen und Kartoffeln und Apfel im Topf lassen. Öl, Hefeflocken und eine große Prise Muskatnuss dazugeben und mit einem Kartoffelstampfer schnell zerdrücken. Sehr gründlich zerkleinern, damit keine Klümpchen übrig bleiben.
- Wenn die Kartoffel-Apfel-Masse vollständig glatt ist, nach und nach warme Pflanzenmilch unter ständigem Stampfen hinzugeben. Sofort servieren.

KIMCHI

ZUTATEN FÜR EIN GROSSES VORRATSGLAS ODER EINEN ÄHNLICHEN BEHÄLTER

1 kg Chinakohl
5 EL Salz
3 L Wasser

KIMCHIPASTE

¾ Tasse Wasser
2 EL Reismehl, am besten Klebreismehl
1 EL Zucker
½ kleine Rote Bete
½ Karotte
½ Bund Schnittlauch
2 Knoblauchzehen
1 Stück Ingwerknolle, ca. 4 cm
3–6 EL Gochugaru-Chilipulver
4 EL Sojasoße
¼ TL Salz

ZUBEREITUNG

- Den Kohl der Länge nach vierteln und jedes Viertel in kleinere Stücke schneiden. Den Kohl in eine große Schüssel geben, Wasser mit Salz dazugießen, einen Teller darauflegen, mit einer mit Wasser gefüllten Tasse beschweren und 60 Minuten ruhen lassen.
- In der Zwischenzeit Wasser mit Reismehl und Zucker zum Kochen bringen und unter ständigem Rühren ein bis zwei Minuten lang kochen, bis ein dicker, klebriger Brei entsteht. Dann vom Herd nehmen und zum Abkühlen beiseitestellen.
- Rübe und Karotte sehr fein in Streifen hacken oder raspeln. Schnittlauch in zwei bis drei Zentimeter lange Stücke schneiden, Knoblauch und Ingwerknolle sehr fein hacken, dann mit den restlichen Gewürzen zum Brei hinzufügen und rühren, bis eine dicke Paste entsteht. Anschließend Rübe, Schnittlauch und Karotte dazugeben.
- Den eingeweichten Kohl abtropfen lassen, gründlich ausdrücken und zurück in die Schüssel geben. Die Kimchipaste hinzufügen und mit den Händen den Kohl ausgiebig mit der Paste vermischen (bei Bedarf mit Handschuhen). In ein großes Schraubglas geben, beschweren, sodass der Kohl ganz von der Marinade bedeckt ist, das Glas leicht zudrehen und drei bis sieben Tage stehen lassen. Danach probieren und überprüfen, ob das Kimchi ausreichend gesäuert ist, und wenn ja, in einen luftdichten Behälter geben und im Kühlschrank aufbewahren.

RECYCELTES KIMCHI

ZUTATEN FÜR EIN GROSSES VORRATSGLAS ODER EINEN ÄHNLICHEN BEHÄLTER

500 g	Blattgemüse, z. B. Grünkohl, Rucola, Radieschen-, Blumenkohl- oder Kohlrabiblätter
3 EL	Salz
1 ½ L	Wasser
500 g	Wurzel- oder Knollengemüse, z. B. Karotten, Sellerie, Rüben oder Rettich
½ EL	Salz
½ EL	Zucker

KIMCHI-PASTE

2 EL	Reismehl, am besten Klebreismehl
4 EL	Wasser
½ Bund	grober Schnittlauch
3	Knoblauchzehen
1 Stück	Ingwerknolle, ca. 4 cm
3–6 EL	Gochugaru-Chilipulver
4 EL	Sojasoße
¼ TL	Salz

ZUBEREITUNG

- Blattgemüse in dicke Streifen schneiden. In eine große Schüssel geben, mit gesalzenem Wasser aufgießen, einen Teller darauflegen, mit einer Tasse mit Wasser beschweren und 60 Minuten lang stehen lassen.
- Das Wurzel- oder Knollengemüse in Würfel schneiden, in eine große Schüssel geben, mit Salz und Zucker vermischen und 60 Minuten lang ruhen lassen.
- In der Zwischenzeit Wasser mit Reismehl in einem kleinen Topf zum Kochen bringen und ein bis zwei Minuten lang kochen, bis ein dicker, klebriger Brei entsteht. Dann vom Herd nehmen und zum Abkühlen beiseitestellen.
- Nach der Einweichzeit das Blattgemüse abtropfen lassen und waschen. Das Wurzelgemüse in einem Sieb ausdrücken, dabei den Saft auffangen. Vom Gemüsesaft eine Vierteltasse abmessen, zum Reisbrei dazugeben und gründlich mischen.
- Ingwerknolle und Knoblauch hacken, Schnittlauch fein schneiden und mit den restlichen Zutaten zum Brei dazugeben. Alles zu einer Paste glatt rühren und diese dann in das abgeseihte Gemüse einreiben. In ein großes Vorratsglas füllen, beschweren, sodass die Masse ganz von der Marinade bedeckt ist, das Glas leicht zudrehen und drei bis sieben Tage stehen lassen. Danach probieren und überprüfen, ob das Kimchi ausreichend gesäuert ist. Wenn ja, in einen luftdichten Behälter geben und im Kühlschrank aufbewahren.

KÜRBISPÜREE

ZUTATEN

1	Kürbis

ZUBEREITUNG

Kürbispüree ist einfach gebackener oder gekochter Kürbis, der glatt püriert wird. Um das Püree zuzubereiten, den Ofen auf 200 °C vorheizen, den Kürbis halbieren oder vierteln und in den heißen Ofen schieben. Etwa eine Stunde lang weich backen, dann mit einem Löffel die Kerne entfernen, das Fruchtfleisch herauskratzen und pürieren.

WEITERFÜHRENDE RESSOURCEN

Viele Zutaten findest du unverpackt zum Abfüllen in selbst mitgebrachte Gefäße in einem der vielen Unverpackt-Läden. Eine Karte mit allen uns bekannten Läden findest du unter:

smarticular.net/verzeichnis

Wenn du unsicher bist, wann welche Zutat Saison hat, dann hilft dir unser Saisonkalender mit vielen nützlichen Zusatzinformationen weiter:

smarticular.net/saisonkalender

Viele weitere rein pflanzliche Rezepte gibt es auch auf unserer Website:

smarticular.net/vegan

Mehr Informationen rund um *Zufällig vegan – International* sowie die Möglichkeit, sich mit anderen Leserinnen und Lesern auszutauschen, gibt es auf der Webseite zum Buch:

smarticular.net/zufaelligvegan-international

Zufällig vegan

100 Rezepte für die regionale Gemüseküche – nicht nur für Veganer

Was haben Spaghetti Napoli, Vollkornbrot, Bayerischer Kartoffelsalat und Hummus gemeinsam? Sie alle schmecken einfach köstlich, und sie alle sind rein zufällig vegan! Genau wie dieses Buch: Es enthält 100 außergewöhnliche Rezepte für eine gesunde, abwechslungsreiche, pflanzliche Ernährung mit dem gewissen Etwas – pragmatisch, ohne Hype, ohne Ersatzprodukte und ohne Verzicht auf Geschmack.

Softcover ISBN: 978-3-946658-36-8
Hardcover ISBN: 978-3-946658-37-5
smarticular Verlag, 2019

Wirf mich nicht weg – Das Lebensmittelsparbuch: *Mehr als 333 nachhaltige Rezepte und Ideen gegen Lebensmittelverschwendung*

Rund ein Drittel aller produzierten Lebensmittel wird weggeworfen – dadurch werden 50 Prozent mehr Anbauflächen benötigt und 50 Prozent mehr Dünger, Pestizide und Energie verbraucht, als nötig wären! Wir alle können etwas gegen Lebensmittelverschwendung tun – nicht nur zu Hause, sondern entlang der gesamten Wertschöpfungskette. Wie einfach sich das Wegwerfen verhindern und vermeintliche Reste kreativ weiterverarbeiten lassen, zeigt dieses Buch. Von der effizienten Einkaufsplanung über Lagerung, Methoden zum Haltbarmachen und zahlreiche Ideen zur kreativen Resteverwertung haben wir die besten smarticular-Ideen in diesem Buch zusammengefasst.

ISBN: 978-3-946658-43-6
smarticular Verlag, 2020

Selber machen statt kaufen – Küche
137 gesündere Alternativen zu Fertigprodukten, die Geld sparen und die Umwelt schonen

Typische Supermarktprodukte enthalten immer weniger von dem, was wir für eine ausgewogene, vollwertige Ernährung eigentlich brauchen, dafür immer mehr Zucker, Salz, Fett und synthetische Zusatzstoffe. Zudem verursachen sie Unmengen von Müll. Dabei ist es sehr einfach, nachhaltige Alternativen jenseits des modernen Massenkonsums selbst herzustellen! Sie bestehen aus natürlichen Zutaten, sind gesünder als Industrieprodukte und außerdem deutlich preiswerter. Hausgemachter Schokoaufstrich, Gemüse-Würzpaste, Soßenbinder, Hustensaft, Pflanzendrinks und vieles mehr!

ISBN: 978-3-946658-03-0
smarticular Verlag, 2017

Fünf Hausmittel ersetzen eine Drogerie *Einfach mal selber machen! Mehr als 300 Anwendungen und 33 Rezepte, die Geld sparen und die Umwelt schonen*

Mit Natron, Soda, Essig, Zitronensäure und Kernseife lassen sich fast alle Drogerieprodukte ersetzen und viele Herausforderungen des Alltags lösen. Über 300 Anwendungen und 33 Rezepte zeigen, wie einfach es geht. Deodorant für die ganze Familie aus nur drei einfachen Zutaten, Bio-Waschmittel zu einem Bruchteil der sonst üblichen Kosten, Allzweckreiniger und Zahncreme – das alles und noch viel mehr kann jeder zu Hause leicht selbst herstellen und nebenbei eine ganze Menge Geld, Verpackungsmaterial und unnötige Chemikalien einsparen.

ISBN: 978-3-946658-00-9
smarticular Verlag, 2. aktualisierte, erweiterte Ausgabe, 2018

Plastiksparbuch
Mehr als 300 nachhaltige Alternativen und Ideen, mit denen wir der Plastikflut entkommen

Plastikmüll, der sich zu Millionen Tonnen in der Umwelt anreichert, gehört zu den größten Herausforderungen unserer Zeit. Dabei ist gesundheitsschädliches oder kurzlebiges Plastik fast immer leicht vermeidbar! Alle wichtigen Fakten rund um Plastik und die Probleme, die es verursacht, haben wir im Plastiksparbuch zusammengestellt. Dazu gibt es über 300 Rezepte, Anleitungen und Ideen, die zeigen, wie einfach Plastiksparen im Alltag sein kann. Mit 288 Seiten und über 300 Abbildungen ist das Plastiksparbuch das bisher umfangreichste und informativste aller smarticular-Bücher.

ISBN: 978-3-946658-33-7
smarticular Verlag, 2019